ANTONELLA LATTANZI

CAPIRE IL CUORE ALTRUI

Emma, Flaubert e altre ossessioni

HarperCollins

ISBN 979-12-5985-143-7

Le citazioni presenti nel testo sono tratte dalle seguenti edizioni:
J. Barnes, *Il pappagallo di Flaubert*, traduzione di S. Basso, Einaudi, Torino 2014.
B. Fenoglio, *Una questione privata*, Einaudi, Torino 2022.
G. Flaubert, *Opere, vol. I*, traduzione di M.L. Spaziani.
Su licenza di Mondadori Libri S.p.A., Milano 1997.
Per l'introduzione di Antonia S. Byatt: © A.S. Byatt, «The Guardian» 27 luglio 2002,
traduzione di A. Mantovani. Su licenza di Mondadori Libri S.p.A., Milano.
K. Ishiguro, *Quel che resta del giorno*, traduzione di M.A. Saracino, Einaudi, Torino 2016.
H. James, *Giro di vite*, traduzione di F. Cialente, Einaudi, Torino 2014.
V. Nabokov, *Lezioni di letteratura*, © 1980 The Estate of Vladimir Nabokov.
Published by special arrangement with Houghton Mifflin in Harcourt Publishing Company.
© 2018 Adelphi Edizioni S.p.A. Milano.
J.D. Salinger, *Nove racconti*, traduzione di C. Fruttero, Einaudi, Torino 2014.
P. Volponi, *Memoriale*, Einaudi, Torino 2015.

L'Editore ringrazia tutti coloro che hanno collaborato,
e rimane a disposizione degli eventuali aventi diritto
con i quali non è stato oggettivamente possibile comunicare.

Prima edizione HarperCollins
novembre 2024

FSC
www.fsc.org

MISTO
Carta da fonti gestite
in maniera responsabile
FSC® C005461

Questo libro è prodotto con carta FSC certificata e da fonti controllate con un sistema
di controllo di parte terza indipendente per garantire una gestione forestale responsabile.

Troppo tardi. Il Console aveva messo freno alla lingua. Ma sentiva la sua mente dividersi, alzarsi, come le due metà di un ponte levatoio, per dare passaggio a questi pensieri dannosi.

Malcolm Lowry, *Sotto il vulcano*

UNO

Una lunga distesa di sabbia, che non finisce più. A sinistra, poco oltre un piccolo golfo, le dune. Lì, la spiaggia è libera. In Sardegna non sono stata che un paio di volte. Siamo qui per un festival, ci siamo fermati a metà strada tra Cagliari e Calasetta, da dove prenderemo il traghetto per Carloforte – che amerò alla follia –, per una piccola vacanza tra una meta di lavoro e l'altra. Abbiamo affittato una macchina a Cagliari. Abbiamo preso un appartamento piccolo ma bello in un complesso non lontano dalla spiaggia.

Leonardo guidava, dall'aeroporto, per raggiungere il paese che avevamo scelto per questa piccola pausa. Io facevo da navigatore. Ma devo aver sbagliato strada, oppure, come sempre, i navigatori sono pazzi, perché a un certo punto l'ho spinto a prendere una stradina dissestata. «Sei sicura che dobbiamo andare di qua?» mi ha detto. Io non sono mai sicura di niente, ma quella volta ero sicurissima. La sicurezza me la dava il dio navigatore, senza il quale io non faccio un passo, nemmeno a Roma, dove vivo da oltre vent'anni, nemmeno a Bari, dove sono nata, nemmeno quando sono a piedi. Non ho il senso dell'orientamento, posso perdermi anche a casa mia – un salotto, una camera da letto, una cucina, uno studio, un bagno. Sei sicura? Sicurissima.

Leonardo si è inoltrato nella sterpaglia, era agosto, faceva caldo (io però non ho mai caldo) e si alzava la polvere. Non si vedeva più niente. «Vai, vai» gli dicevo, e lui – che di solito non si fida di me – si è fidato. «Sei sicura?» Sono sicura.

Di colpo la sterpaglia si è trasformata in un roveto. Io gli dicevo di andare avanti; se il navigatore dettava la strada, la strada era quella. Non so perché Leonardo – che di solito fa quello che dice lui, non certo quello che dico io – mi ha ascoltato. A un certo punto, la strada finiva su un piccolo burrone. Chiaramente il navigatore aveva sbagliato, ma non lo avrei mai ammesso – sarebbe stato come dire che io avevo sbagliato. Leonardo ha dovuto fare marcia indietro imprecando, tra i roveti, e poi nella sterpaglia. Quando finalmente siamo tornati sulla strada asfaltata, è sceso dalla macchina. Era tutta graffiata, ed era una Cinquecento nera nuova di zecca. I graffi risaltavano bianchissimi, come le unghie di una strega (le unghie, grande amore di Gustave Flaubert in *Madame Bovary*). «È tutta colpa tua» mi ha detto, ma senza troppa convinzione. «È colpa del navigatore» ho risposto (negare l'evidenza, sempre). Ho temuto che quell'incidente potesse rovinare l'aria di vacanza che ci aveva presi, quel mare azzurro e verde che ci aspettava, il nostro viaggio insieme.

«Mi perdoni?» gli ho detto dopo un po', pur continuando a sostenere che non era colpa mia. Mi ha perdonato, abbiamo lavato la macchina con una bottiglia d'acqua. Ho detto: «I graffi non si vedono più». E invece si vedevano tantissimo. Cosa sarebbe successo al ritorno, restituendo l'auto al noleggio, in aeroporto? Ci siamo sforzati di non pensarci, durante la nostra piccola vacanza. Poi, quando è stato il momento di tornare in aeroporto, ce la siamo cavata. Odio tornare dai viaggi, non tornerei mai.

Ma adesso non è quel momento. È il momento di quella spiaggia infinita, di quelle dune in lontananza, di me e Leonardo che abbiamo preso in affitto due lettini e un ombrellone bianco panna in un piccolissimo lido del posto. Solo un pugno di lettini e un baracchino che prepara qualcosa da mangiare. Io ho mal di testa. Ho scordato di portare le medicine – le porto sempre con me, ovunque vada. Il mal di testa aumentava e ho fatto un tentativo. Sono andata dalla padrona del baracchino che vendeva, a stento, patatine, niente Coca-Cola, panini solo al prosciutto, e ho chiesto se per caso avesse un Moment. Lo aveva.

C'è il mare, che io amo. C'è un attimo di pausa nel vortice del lavoro che non finisce mai. Sono in viaggio. Molto di quello che piace a me è qui. Eppure, io sono inquieta. Molto inquieta. Continuo a pensare: se solo potessimo rimanere un altro po'. Se avessi più soldi e potessi stare in una grande villa. Se fossi più giovane e potessi decidere di viaggiare per tutto il mondo e non tornare mai più. Ma non solo cose così. Cose anche più piccole. Se solo fossi quella bambina che sta passando adesso sul bagnasciuga, lei è piccola, ha tutto il futuro davanti a sé, di sicuro adesso sarà felicissima. Se solo potessi essere quella donna che fa il bagno: lei non ha freddo, in acqua, come me. La sua vita sarà meravigliosa. Se solo potessi essere quell'uomo che porta il cane a fare una passeggiata, abbracciato alla sua donna. Se fossi un uomo sarei sicuramente molto più felice. E se fossi quella donna sarei certamente più felice, perché quell'uomo, senza dubbio, la ama più di quanto io sia mai stata amata. Se potessi trasferirmi in capo al mondo. Se fossi ricca. Se fossi bionda. Se fossi molto più magra.

Mi capita sempre così.

Ma insomma, siamo lì, stesi sui nostri lettini. Intorno a me c'è già una gran confusione, perché sono caotica. Ho l'asciugamano completamente appallottolato sotto di me. Ho il lettino cosparso di tabacco – mi rollo le sigarette di continuo. Ho sporcato tutto di sabbia. Come sempre. Leonardo invece è sdraiato col suo libro in mano, il lettino è intatto, l'asciugamano è steso come si deve, fuma anche lui ma si cura di riporre tutti gli scarti – tovaglioli, bottiglie d'acqua vuote, scampoli di tabacco, sigarette fumate e via dicendo – in un sacchetto che tiene accanto a sé. Vivere con una persona serena, che sa il fatto suo, per chi non è mai sereno e non sa mai il fatto suo, è una tortura. Ti fa sentire stupida, perché sei sempre in ansia (in ansia per cosa?, mi chiede lui, ma non c'è mai bisogno di un vero motivo per essere sempre in ansia – anche adesso che sto scrivendo sono in ansia), perché non hai idea di come rendere ordinato un posto piccolo come un lettino da mare, o meno piccolo, come una casa (è che non ti impegni, dice lui), perché ogni mattina ti svegli pensando che hai sbagliato tutto, tutto, mentre i pensieri ti sommergono la testa, e invece lui la mattina si sveglia e sa razionalmente dividere quelli che sono i problemi veri da quelli che sono paranoie, pensieri inutili (lui le paranoie non le ha mai, quindi non ha nemmeno bisogno di dividere). Vivere con una persona serena, razionale, ti fa sentire stupida. È vero. Ma da un'altra prospettiva ti salva. Immagina come sarebbe, se tu ti svegliassi dicendo: «La vita è orribile, moriremo tutti!», e la persona che vive con te ti rispondesse: «È vero! La vita è una merda! Moriremo tutti!».

L'anziana padrona del lido – il Moment me l'ha dato sua figlia – mi si avvicina arcigna. Ho fatto troppo casino sul lettino e mi rimprovera. Non so perché, sono una persona che attira i rimproveri. È strano che il gestore di uno stabilimento ti sgridi perché c'è troppa sabbia sul lettino. Eppure a me, quel giorno, succede. Io mi arrabbio (ma solo tra me e me, come faccio sempre). Leonardo si imbarazza.

«Cosa stai facendo?» mi chiede guardando il mio cellulare, che stringo tra le mani. «Sto leggendo.» «Sul telefono?» «Sì, perché non ho con me il libro.» «E cosa stai leggendo?» «*Madame Bovary*.» «Di nuovo?»

DUE

In un saggio su Gustave Flaubert, contenuto in un volume che s'intitola *La lezione dei maestri*, Henry James descrive così il suo primo incontro con *Madame Bovary*:

> L'autore di queste note ricorda, con un certo senso dell'accadere delle cose, quando, molto giovane, a Parigi, prese dal tavolo paterno l'ultimo numero del periodico in cui era in corso di pubblicazione il capolavoro – non certo, allora, considerato tale – di Flaubert. Non è, in sé, un momento storico, ma sarebbe diventato alla luce della storia, potremmo dire, così indimenticabile, che ogni minimo particolare è ancora vivo per lui, saldamente incastonato nella memoria. La copertina della vecchia

Revue de Paris era gialla, se non sbaglio, come quella di ora, e poi, dentro, quel titolo – *Madame Bovary: costumi di provincia* – che era già di per sé misterioso e affascinante, carico di imperscrutabile. Io non sapevo niente delle puntate precedenti, e solo molto più tardi avrei conosciuto il seguito; ma è ancora presente in me il momento in cui, in piedi vicino al fuoco, con la schiena rivolta contro il caminetto francese imbottito e decorato, cercavo di capire il più possibile di quella puntata, e lo facevo con un interesse così pieno di stupore, e forse, anche, con una leggera ombra di preveggenza, che il salottino pieno di sole, la giornata autunnale, la finestra socchiusa sull'allegro frastuono di Rue de Montaigne, tutto fa parte della storia per me, così come la storia fa parte di loro. La storia, comunque, in quel momento, non aveva vita facile; la sua fortuna era ancora tutta da fare; si era così lontani dal sospettare i suoi meriti che, come racconta Maxime Du Camp – senza troppa contrizione, per la verità – il suo dorato mantello sfuggì per miracolo alle forbici editoriali.[1]

[1] H. James, *La lezione dei maestri. Il romanzo francese dell'Ottocento*, traduzione di G. Mochi, Einaudi, Torino 1997, pp. 289-290.

Delle forbici editoriali parlerò dopo. Qui mi interessa Henry James che dice: "Tutto fa parte della storia per me, così come la storia fa parte di loro".

In un articolo apparso sulla *Repubblica* l'11 dicembre 2021, Julian Barnes, autore del *Pappagallo di Flaubert* – allo stesso tempo un romanzo, un saggio narrativo su Flaubert e un'accorata dichiarazione d'amore per l'autore francese che entrambi (e non solo noi) amiamo –, racconta così il suo primo incontro con *Madame Bovary*:

> All'inizio degli anni Sessanta i miei nonni materni vivevano in quella che gli agenti immobiliari chiamavano una villetta di campagna nei sobborghi di Beaconsfield. Era una nuova costruzione su un terreno boscoso e in pendenza di duemila metri quadri. Mio nonno, che aveva sgombrato dagli alberi un'area a metà della pendenza, aveva steso una base di cemento e ci aveva costruito sopra una casa di campagna per l'estate, che aveva dipinto di celeste. Non ricordo nessuna mobilia, tranne una specie di poltrona a sdraio su cui mia nonna faceva la pennichella nei mesi caldi. L'odore un po' ammuffito faceva pensare che non aves-

se altri usi a parte quello. Ma fu lì, su quella poltrona a sdraio, in quel contesto appropriatamente suburbano, che lessi per la prima volta *Madame Bovary*. Dovevo avere quindici o sedici anni.

Non ero stato io a scegliere il libro. Un professore di inglese elegantemente iconoclasta, appena uscito da Cambridge, ci aveva dato una lista di letture che conteneva, con nostra sorpresa, autori stranieri. E io nutrivo grandi aspettative su *Madame Bovary*. Aveva ancora la reputazione di essere un libro piccante; dopo tutto, era stato incriminato per "oltraggio alla pubblica morale" quando era stato pubblicato a puntate per la prima volta sulla *Revue de Paris*. Francia, una donna sposata, adulterio... che vuoi di più, come non si diceva allora? Lessi il romanzo nella traduzione della Penguin. All'epoca, i classici della Penguin si distinguevano per il colore dominante della copertina: verde per la Francia, rosso per la Russia, verde oliva per la Germania, viola e marrone per il mondo classico e così via. Il libro, naturalmente, era troppo sottile per me, e non riuscii a trovarci nessun erotismo. Dubito di aver capito la scena della carrozza chiusa, né tantomeno la metonimica fuoriuscita di foglietti bianchi strappati dal finestrino nel momento culminante della scena, dietro alle tendine della carrozza. Ma qualcosa rimase di quella mia diligente lettura: se non altro, la disponibilità a riprendere in mano l'autore in una data futura.[2]

Giallo per Henry James, dunque, e verde per Julian Barnes: entrambi ricordano il colore della copertina. Ognuno di noi, credo, ricorda perfettamente com'era fatto un libro che ha amato, o che ha modificato la sua storia, la prima volta che l'ha letto. Ma la cosa che mi colpisce è che, a distanza di così tanti anni, questi grandi scrittori, scrivendo di *Madame Bovary*, abbiano voluto ricordare il loro primo incontro col romanzo. Non abbiano resistito. E quel ricordo sia affidato, anche, ai colori.

I colori, che in *Madame Bovary* non sono mai solo colori. Ma, come nella scena della carrozza, citata da Julian Barnes – una delle mie preferite –, sono indizi della psicologia dei personaggi. O meglio, di ciò che va oltre la loro psicologia. Se una lettera è bianca, se dei fiori sono rossi, se un prato è verde, per Flaubert non abbiamo a che fare solo con colori, ma con me-

2 Julian Barnes su *Robinson, la Repubblica*, 11 dicembre 2021.

tafore. E non metafore univoche – per esempio, bianco uguale purezza, rosso uguale sangue –, ma metafore cangianti, prismatiche, come sono cangianti e prismatiche le sensazioni che proviamo. Possiamo mai dire di essere soltanto felici? Possiamo mai dire di essere soltanto tristi? Possiamo mai dire di essere soltanto soddisfatti? Credo di no. Siamo felici *ma* timorosi, tristi *ma* speranzosi. E così via. Gustave Flaubert, tutte le cose scontate che sto dicendo io, non le dice mai. Racconta di una donna che se ne va tra i fiori rossi in un prato verde e il lettore capisce che, dietro quei colori, sta parlando di lei, e dell'universo che gira intorno a lei. Che parlando del primo incontro con *Madame Bovary* si citino i colori è un segno.

Poi c'è la giovane età. "Molto giovane" per Henry James. "Quindici o sedici anni" per Julian Barnes. E poi c'è la famiglia. Il "tavolo paterno" per James, la "poltrona a sdraio" della nonna per Barnes, che oltre a quella non ricorda "nessuna mobilia" (James invece legge in piedi, di spalle al camino). Gli odori. Il camino per James, la muffa per Barnes. I suoni: la campagna di Beaconsfield per Barnes, l'"allegro frastuono di Rue de Montaigne" per James.

Tutto ciò, colori, rumori, odori, paesaggi, ma anche personaggi, dialoghi, Flaubert riesce a renderlo un'unica cosa, un'unica sinfonia. Adesso citerò il momento in cui Flaubert stesso, scrivendo a Louise Colet – scrittrice e a lungo sua amante, a cui manderà molte lettere durante la stesura del suo capolavoro –, definirà un passo di *Madame Bovary* (e dunque tutta l'opera) proprio con questa parola. Lo citerò perché entrare nella testa di Flaubert mi interessa moltissimo, dato che lui entra nella testa di tutti i suoi personaggi, anche quelli più lontani da sé (Emma prima di tutti, che ha sì di Flaubert la tensione parossistica verso il desiderio assoluto, ma che nei suoi amori romantici e nelle sue passioni assolute per il mondo è quanto di più lontano da Gustave), e soprattutto dalla mia non esce da anni.

Eppure, lo posso giurare, la prima volta che ho letto questo libro non ho avuto bisogno di studiarlo. Ho solo avuto bisogno di leggerlo. E mentre lo leggevo mi esaltavo: ma questa scena è una sinfonia!, mi dicevo.

Quello che sto cercando di dire è che *Madame Bovary* è un romanzo per tutti. Che tutti possono capirlo. Che non tutti possono amarlo. Ma questa, del resto, è la vita. Non possiamo essere amati da tutti (anche se non l'avrebbe mai ammesso, Flaubert voleva essere amato da tutti; e, anche se non lo ammetterei mai, vorrei essere amata da tutti anche io).

Ecco il passo della lettera di Flaubert a Louise Colet di cui parlavo poco fa:

> Se mai gli effetti di una sinfonia saranno resi in un libro, sarà lì. Bisogna che la cosa urli attraverso tutto l'insieme, che si odano contemporaneamente i muggiti dei tori, i sospiri d'amore e le frasi delle autorità. C'è del sole su tutto questo, e dei colpi di vento che fanno ondeggiare i grandi cappelli. Ma i passi più difficili del *Sant'Antonio* erano giochi da ragazzi al confronto. Arrivo al drammatico soltanto attraverso l'intreccio del dialogo e le opposizioni di carattere.[3]

Credo che a chiunque legga *Madame Bovary* a un certo punto verrà in mente la parola *sinfonia* – o altri termini simili.

Perché Flaubert scrive la realtà, e dentro la realtà

[3] G. Flaubert, *Opere, Volume I*, i Meridiani, Mondadori, Milano 1997, p. LXI.

ci sono il tangibile e l'intangibile, c'è ciò che si vede e ciò che non si vede, c'è la disperata necessità che esista un divino a consolarci, a risarcirci almeno un po', e la consapevolezza che l'universo è di per sé spietato, e non ha alcun interesse per te. Come questo cielo color topo oltre la mia finestra, che potrei amare o non amare. Che io lo ami o non lo ami, non per questo il cielo cambierà. Lo scrive Flaubert stesso nel suo romanzo, poco dopo la morte di Emma:

> [Charles] Bovary era lontano. Camminava a grandi passi lungo il muro, accanto alla spalliera degli alberi da frutta, e digrignava i denti, gettava occhiate di maledizione verso il cielo. Non per questo una sola foglia si mosse.[4]

Stavo rileggendo questa frase ieri sera. E ho pensato, ancora una volta: come poteva non essere denunciato dalla morale comune un libro così? Un libro libero. Spietato, come l'universo. Un libro che non ha rispetto di nessuno, neanche del cielo. Un libro, però, a suo modo – anche se mi pare che nessuno lo veda, tanto che quest'ultima cosa a volte penso

4 *Ivi*, p. 860.

di inventarmela, di trovarcela soltanto io, di tradire il suo autore vedendola in modo così cristallino, lampante –, a suo modo pienissimo di compassione per l'umano. Stavo rileggendo questa frase ieri sera, dicevo, immersa nella disperazione di Charles per la morte dell'unica donna, dell'unica persona, dell'unico essere che abbia mai amato. Anche se l'ha amata malissimo. Ma chi di noi sa amare bene?

Di certo, io no.

Stavo rileggendo questa frase e, per motivi personali, anche io stavo maledicendo il cielo. Ma per questo né sul cammino di Charles una sola foglia si è mossa né, nel buio della mia stanza, una sola luce si è accesa.

> Immaginò che scrivendogli avessero sbagliato nome.[5]

Questo è il padre di Emma, papà Rouault, che sta correndo a cavallo verso Yonville, perché gli hanno mandato una lettera ambigua da cui ha capito che Emma sta molto male, o è morta.

5 *Ivi*, p. 867.

Si frugò in tasca per palpare la lettera ma non osò aprirla.
Giunse a supporre che si trattasse magari di una burla, la vendetta di chissà chi, il ghiribizzo di un ubriacone. Se del resto era morta, non lo si sarebbe saputo? Ma no! Non c'era alcun segno straordinario sulla campagna, il cielo era azzurro, i rami oscillavano al vento, passò un gregge di pecore. Scorse il villaggio; lo videro affrettarsi tutto curvo sul suo cavallo e staffilarlo tanto che le redini gocciolavano sangue.[6]

Nemmeno per la morte della sua unica figlia, il cielo, la campagna o i rami si degnano di mandargli un segno.

6 *Ibidem.*

TRE

Parentesi numero 1.

La giovane istitutrice eroina – tragicissima eroina –, io narrante del libro più famoso di Henry James, *Giro di vite* – altro capolavoro dall'impossibile penetrazione –, di primo acchito non ha nulla in comune con Emma Bovary. È una donna rispettosa, materna, con la testa assolutamente sulle spalle, che fa di tutto per salvare i due bambini che le ha affidato uno zio assente e indifferente da un *male* che ha a che fare tanto col sovrannaturale quanto col nero più nero che ognuno di noi ha dentro. Eppure, negli attimi più terrei e più disperati, le sue parole potrebbero essere quelle di Emma Bovary, che nel momento della sua morte attraversò ogni angolo dell'orrore. Così racconta l'istitutrice di *Giro di vite* nelle pagine finali, a proposito del bambino che ha tentato con tutte le sue forze di salvare dal male:

> Ma egli si era già girato di scatto, sbarrava gli occhi, guardava ancora, senza vedere altro che la luce quieta del giorno. Sotto l'impressione di quella perdita di cui io ero tanto fiera, egli emise il grido di una creatura scagliata oltre un abisso, e l'abbraccio in cui lo strinsi avrebbe potuto veramente arrestarlo nella sua caduta. Lo presi, sì, lo strinsi forte... si può immaginare con quanta passione; ma prima che fosse trascorso un minuto cominciai a rendermi conto di ciò che realmente stringevo tra le braccia.[1]

Madame Bovary ha una partenza quieta, come un mare appena increspato. Anzi, più come un lago d'inverno con un po' di vento fastidioso che incrina l'immobilità terrea delle acque. Poi, a un certo punto, si butta al galoppo. Dal momento in cui Emma scopre che tutti, proprio tutti, l'hanno tradita – tranne suo marito, a cui lei però non sa, non può, non vuole ricorrere – le onde si alzano, tracimano dal

[1] H. James, *Giro di vite*, traduzione di F. Cialente, Einaudi, Torino 2014, p. 175.

lago, e poi fuggono rombando lungo il fiume e si gettano, sollevandosi, nel mare. Ed è un mare terribile, in preda alla tempesta più orribile che si sia mai vista, con onde alte anche undici piani. L'orrore nella testa di Emma cresce ed esonda dentro le parole di Gustave Flaubert, e nella testa e dentro gli occhi di Emma si alternano visioni dell'orrore così simili a quella che abbiamo appena letto – ne parleremo più avanti.

Emma e l'istitutrice di *Giro di vite* non hanno nulla a che fare l'una con l'altra. Eppure, Emma è caduta dentro l'eroina di Henry James. O meglio, l'eroina di Henry James ha fatto il bagno dentro di lei. Si capisce così bene perché James ami *Madame Bovary*. Si capisce così bene cosa gli ha fatto Emma, come persona e come personaggio.

Cos'ha fatto a tutti quelli che hanno avuto, anche solo una volta, a che fare con lei.

QUATTRO

Parentesi numero 2.

Ho appena visto *Deep Water – La folle regata.*

È un documentario del 2006 diretto da Louise Osmond e Jerry Rothwell. Me l'ha consigliato una mia amica.

Sono famosa, tra i miei amici, perché adoro la cronaca nera, in tutte le sue forme. Non la fiction nera. Proprio la cronaca. Adoro guardare i processi, studiare gli atti dei processi, vedere documentari che hanno qualcosa di nero. Per lungo tempo mi sono data mille spiegazioni per questa mania. Ma nessuna credo sia quella giusta. Quella giusta, forse, non c'è.

Anche adesso mi sono fermata, mentre scrivevo. Ho pensato: forse questa è la volta buona che la colgo. L'ho sentita attraversare la mente come i brevissimi attimi di consapevolezza di Charles Bovary, quando tutto il mondo concerta per fargli capire, fargli ammettere che sua moglie lo tradisce da sempre, che sta dilapidando i suoi soldi, che non l'ha mai amato. E lui potrebbe farla propria, quella consapevolezza. Se solo lo volesse.

Ma chi di noi vuole sapere di non essere amato dalla persona che ama?

Io no.

Per questo capisco Charles Bovary. Charles, che Flaubert prova in ogni modo a deridere, a rendere nullo, nient'altro che un povero "imbecille" dalle prime righe del suo romanzo; Charles che a una prima lettura possiamo non comprendere ma detestare. Charles che non è stato un buon marito, se con buon marito s'intende qualcuno che provi, anche solo un po', a guardare con coraggio la persona che ama. A guardarla sinceramente. Charles che si fa prendere in giro per centinaia di pagine, e che nemmeno quando, dopo la morte della moglie, scopre le lettere dei suoi amanti, vuole capire davvero quanto l'ha ingannato quella donna. Quanto non l'ha mai amato. Charles che, quando incontra la signorina Lempereur – l'insegnante di pianoforte per le cui lezioni Emma dichiara ogni settimana di prendere la carrozza da Yonville, dove abitano, a Rouen, dove abita e insegna la signorina Lempereur (e invece ci va per vedere il suo amante, Léon) –, che dice di non sapere chi sia Emma Bovary, lo riferisce alla moglie ma si accontenta di una sua bugia incredibile: esistono tante donne con quel nome, chissà quante donne con quel nome insegnano pianoforte, lui ne avrà incontrata di sicuro un'altra. Con questa motivazione si convince.

(Anzi, se devo dire la verità: è lui che le propone questa possibilità. Le dice: forse ci sono a Rouen altre signorine Lempereur.)

Capisco Charles non perché agirei come lui – chissà come agirei, finché non ci si trova in una situazione è impossibile dire come si agirebbe – ma perché, a dispetto di tutto quello che Flaubert ha voluto far credere a se stesso, nelle tante lettere a proposito di quest'uomo che ha mandato agli amici mentre scriveva *Madame Bovary*, a dispetto di tutto quello che ha voluto farci credere nel corso dell'intero romanzo, denigrandolo in ogni modo, a dispetto forse pure di quello che davvero Flaubert voleva fare di Charles in questo romanzo, a dispetto di tutto, Charles è, appunto, un uomo. Non è una figurina monodimensionale, piatta e nera su una pagina bianca.

È un uomo che ha tutti i difetti del mondo. Che non è capace di fare niente. Che è pavido e non ammette l'evidenza. Che darebbe tutto – tranne Emma – per continuare la sua esistenza sonnolenta e abulica per sempre. Che non è riuscito nemmeno a diventare medico ma soltanto un ufficiale sanitario.

Chi è Charles – o chi vorrebbe, Flaubert, che noi pensassimo che fosse – lo dice benissimo nel 1857 l'avvocato Ernest Pinard, il pubblico ministero del processo contro *Madame Bovary*.

Faccio un passo indietro. Prima di essere pubblicato in volume, *Madame Bovary* uscì a puntate tra il 1° ottobre e il 15 dicembre 1856, sulla *Revue de Paris*. Maxime Du Camp, amico di Flaubert e codirettore della rivista, aveva già espunto alcuni dei passi più scabrosi dal testo, anche per cercare di evitare la censura (e senza il benestare dell'autore, che commentò disperato: "Il ritmo delle mie povere frasi!"). Non servì a nulla. *Madame Bovary* fu comunque travolto da un "*maelstrom* di banalità, menzogne e stupidaggini" e accusato di "oltraggio alla morale pubblica e religiosa e ai buoni costumi".[1] Jules Sénard, a cui il libro fu poi dedicato, lo difese.

Caro e illustre amico,

gli scrisse Flaubert nella dedica di *Madame Bovary* che possiamo leggere ancora oggi

> permettetemi di mettere il vostro nome all'inizio di questo libro e ancora prima della dedica; perché a voi, soprattutto, ne devo la pubblicazione. Passando per la vostra magnifica perorazione, la mia opera ha acquistato ai miei stessi occhi quasi un'autorità imprevista. Accettate quindi l'omaggio della mia gratitudine, che, per quanto grande, non sarà mai all'altezza della vostra eloquenza e della vostra dedizione.[2]

Sénard difese *Madame Bovary* e il suo autore. Vinse. Ciò diede immediato successo al romanzo. Pinard, invece, lo accusò. E fu lo stesso pubblico ministero con cui, poco dopo, avrebbe dovuto com-

[1] G. Flaubert, *Opere, Volume I*, i Meridiani, Mondadori, Milano 1997, p. 1217.
[2] *Ivi*, p. 513.

battere anche Baudelaire, accusato di immoralità per *I fiori del male*: e avrebbe perso.

All'inizio della sua requisitoria, Pinard fa un breve riassunto del romanzo. Ecco come parla di Charles:

> Incontriamo il marito in collegio e, bisogna dirlo, nel fanciullo c'è già quello che sarà il marito. È fin troppo goffo e timido, tanto timido che quando arriva in collegio e gli domandano qual è il suo nome comincia col rispondere: «Charbovarì». È così goffo che lavora senza far progressi. Non è mai il primo della classe, ma neanche è l'ultimo; è il tipo, se non della nullità, almeno del ridicolo nel collegio. Terminati gli studi in collegio si trasferisce a Rouen, per studiare medicina, e prende alloggio in una camera al quarto piano, affacciata sulla Senna, affittata per lui da sua madre presso un tintore di sua conoscenza.[3]

Interrompo per un attimo l'illustre avvocato imperiale Pinard. Flaubert, che non avrà mai mogli né figli, e soprattutto non li vorrà mai, li aborrirà per tutta la vita, avrà invece per tutta la sua esistenza

[3] *Ivi*, p. 1224.

un rapporto ossessivo con la madre. Non è lo stesso rapporto di reciproca dipendenza che hanno Charles e sua madre (perché l'ossessione di Charles è per Emma), ma tra loro c'è qualcosa che ricorda Flaubert e la sua imponente, onnipresente genitrice.

Continuo:

> Là egli compie i suoi studi di medicina e a poco a poco riesce a conquistare non già il titolo di dottore in medicina, ma quello di ufficiale sanitario. Frequentava le osterie, si assentava dai corsi, ma al momento non aveva altra passione che quella di giocare a domino. Ecco Bovary. Sta per sposarsi. Sua madre gli trova una moglie: la vedova di un usciere di Dieppe.[4]

Recupero le fila del discorso. Capisco Charles non perché è immobile e sonnolento – odio le persone immobili e sonnolente –, non perché non si impegni mai in niente nella vita – odio chi non si impegna nella vita –, ma perché è incapace di perdere l'amore di chi ama, ed è fallibile. Così tanto fallibile da sbagliare tutto.

4 *Ibidem.*

Chi di noi, in coscienza, non ha sbagliato tutto?

Chi di noi non ha chiuso gli occhi davanti all'evidenza pur di non crollare?

Torno ancora indietro. Perché amo così tanto la cronaca nera? Non lo so. Eppure la risposta mi passa per la mente ogni tanto, come una folata di vento autunnale che fa sollevare e turbinare le foglie gialle secche – come accade di tanto in tanto in *Madame Bovary*, che è pieno di foglie –, ma poi non riesco ad afferrarla o non voglio. Così come Charles non riesce o non vuole maturare la consapevolezza di chi sia davvero sua moglie.

Io, se fossi in Emma, non vorrei mai che mio marito – o chiunque altro – scoprisse chi sono. Del resto, chi vorrebbe che gli altri sapessero chi siamo davvero?

E dunque – ancora un passo indietro – torno ai miei amici che sanno quanto io ami la cronaca nera. Non sono mai riuscita a dormire bene, in vita mia, da quando ero piccolissima. Da bambina, mio padre mi raccontava storie fino allo sfinimento per cercare di farmi dormire. Adesso, per dormire, io ascolto la cronaca nera. Puntate di *Un giorno in pretura*, *Storie maledette* o dei documentari più disparati. Tutti sulla cronaca nera. Tutti lo sanno.

Così, una sera, sono da una mia amica. Sto guardando – ahimè senza alcun interesse, non riesco proprio a farmi prendere dall'evento – la partita dell'Italia che decreterà la sua esclusione dal Mondiale del 2022.

Tra un tempo e l'altro parlo con lei, appassionata di cronaca nera a sua volta, e le dico che la mia passione per la cronaca nera sta conoscendo una deriva, verso una sua sottotrama: i naufragi. So che quella è la sua passione. Ne parliamo un po', poi lei mi consiglia un documentario. *Deep Water*, appunto.

CINQUE

Deep Water racconta la storia di Donald Crowhurst, commerciante e velista dilettante inglese, che nel 1968, per risollevare dal fallimento la sua famiglia – ha una moglie e tre figli –, decide di partecipare alla prima edizione della Golden Globe Race, organizzata dal *Sunday Times*, la prima regata in solitaria intorno al mondo. Significa: fare il giro del globo senza scalo, solo (*alone* è la parola che ripeterà ossessivamente nei suoi diari di bordo). Il vincitore riceverà cinquemila sterline: con quelle, la sua famiglia sarà salva.

Donald è, appunto, un dilettante. Ne passa di tutti i colori soltanto per riuscire a partire. Quando, finalmente, in netto ritardo rispetto ai suoi colleghi concorrenti, riesce a salpare – notano anche le tv del tempo – indossa ancora la cravatta (non proprio il miglior equipaggiamento per un velista). Donald però ha una volontà di ferro. Ma non si tratta solo di volontà. È una specie di sogno, il suo. Un sogno che mi ricorda tutti i desideri di Madame Bovary: che hanno sempre del razionale e dell'irrazionale. Del folle e del maligno e dell'innocente allo stesso tempo.

Tutto dice a Crowhurst che non ce la farà. Ma lui ha deciso di imbarcarsi in questa impresa – per i soldi, certo, ma a spingerlo è anche qualcos'altro, qualcosa che ha a che fare solo con lui stesso – e niente potrà dissuaderlo.

Così come niente potrà dissuaderlo dal tornare indietro quando comincia a imbarcare acqua e lo aspettano a breve onde alte undici piani (è citando questa cifra del documentario che ho scritto la stessa espressione poche pagine fa a proposito di *Madame Bovary*, quando dicevo che questo romanzo è un mare terribile, con onde alte anche undici piani). Niente potrà dissuaderlo, nemmeno quando si rende conto non solo di essere troppo, troppo indietro rispetto agli altri concorrenti, ma anche che non riuscirà a procedere ancora per molto. Non si arrende. Però, a un certo punto, in lui scatta un *clic*.

Escogita un piano. Falsa la sua posizione. Dice di essere dove non è. Dice di essere quasi in vista dei suoi avversari. Il premio sarà vinto non da chi arriva prima, ma da chi è il più veloce. E lui, falsando la sua posizione e in questo modo recuperando mesi – perché è partito molto più tardi degli altri –, ha intenzione di vincerlo, quel premio. Di fatto, non procede, si ferma ad aspettare che gli altri compiano il giro e tornino al punto in cui lui è praticamente fermo – nei pressi del Sud America – per poi ridare la sua vera posizione al momento giusto e vincere.

Questo è il suo piano.

Ma è un piano da pazzi. E infatti va storto. Non dirò come, nel particolare, però da una cosa non posso esimermi. Se si cerca il luogo di nascita di Crowhurst, si trova una città in India – Crowhurst ha avuto un'infanzia molto difficile, il padre è morto prestissimo. Se si cerca il suo luogo di morte c'è scritto oceano Atlantico. Nessun punto preciso.

Un po' dove, in senso metaforico, potrebbe essere morta Emma.

Quando ho visto il documentario, stavo rileggendo per l'ennesima volta *Madame Bovary*. E nella cocciutaggine di Crowhurst di andare avanti nonostante tutto, nel desiderio irrealizzabile di quest'uomo di dare un senso alla sua vita, nella sua lotta e nella sua danza di morte col mare aperto, nei vaneggiamenti del suo diario di bordo – *mercy* (perdono) è una delle sue ultime parole, ripetuta molte volte –, nel perdersi del tutto come essere umano, come padre, come marito, come uomo, e nel diventare desiderio puro, Desiderio e nient'altro, senza alcuna ragionevolezza, io ci ho visto Emma. Ho visto Emma affiorare dalle acque del mare e allucinare Crowhurst (come il meraviglioso cattivissimo Robert De Niro nella scena finale di *Cape Fear*), apparire e scomparire, l'ho vista come la vede suo padre, papà Rouault, quando sprona il cavallo verso Yonville, fino a farlo sanguinare ("Poi se la vedeva morta. Era davanti a lui, supina in mezzo alla strada. Uno strattone alle briglie, e l'allucinazione svaniva"),[1] ho visto Crowhurst ed Emma evaporare insieme, tra le onde del mare, vittime dello stesso invasamento, della stessa assurda, seppur così comprensibile, follia.

> Fremevano riflessi cangianti sull'abito di raso, bianco come un chiaro di luna. Là sotto Emma spa-

[1] G. Flaubert, *Opere, Volume I*, i Meridiani, Mondadori, Milano 1997, p. 867.

riva: e a lui sembrava che, esalando all'esterno di se stessa, si perdesse confusamente fra gli oggetti che la circondavano, nel silenzio, nella notte, nel vento che passava, negli odori di umidità che salivano.[2]

Questo è quanto scrive Flaubert di Emma appena morta. È vero che la vediamo attraverso gli occhi di Charles. Ma come puoi dire, Flaubert, di non amarla anche tu, se ce la racconti svanire così?

L'anima di Emma si perde nell'aria come quella di Crowhurst si è persa nelle acque. Ma un'anima, si sa, se esce da un corpo andrà a finire in un altro corpo, e la storia non finirà mai. Tra non molto, Flaubert ce lo dimostrerà.

[2] *Ivi*, p. 864.

SEI

Non ricordo esattamente la prima volta che ho letto *Madame Bovary*. Mi ricordo un'altra storia, che ha a che fare con la prima lettura di questo romanzo che è la mia ossessione, ma non col romanzo in sé.

Mi sono appena trasferita a Roma. Ho una ventina d'anni e pochissimi soldi. Me la cavo lavorando in una piccola casa editrice come correttrice di bozze, lettrice dall'inglese, aiuto ufficio stampa, aiuto editor. Tutte cose che imparo con grande entusiasmo, con grande paura di sbagliare. Sono pazza per i libri, naturalmente, altrimenti non sarei qui. Altrimenti non mi sarei trasferita a Roma da Bari – anzi, credo che l'avrei fatto comunque, ma la mia fissazione per i libri comincia molto tempo prima di decidere che avrei lasciato la mia città natale. Quasi tutti i pochi soldi che ho li spendo per comprare i libri. Adoro i Meridiani Mondadori. Mi ricordano – ancora adesso – quando ero piccola, andavo a scuola dalle suore, e quella che era la mia insegnante, ogni giorno, apriva la Bibbia – che somigliava molto a un Meridiano, con quelle pagine sottili, quasi trasparenti, quel colore, quel fruscio, quella morbidezza del libro quando lei, in piedi davanti a noi, lo teneva aperto tra le mani – e ce ne leggeva un passo. A casa mia, la Bibbia non mancava. Ma quella della mia suora era più bella. Era bordeaux e aveva il titolo stampato in oro. Lei ci chiedeva di fare silenzio, si alzava in piedi e, poco distante dalla cattedra, cominciava a leggere un passo del Vangelo, una parabola, o una preghiera, o una lettera di qualche santo. Per una come me, nata in una famiglia cattolica praticante, che ha studiato dalle suore per otto anni, che ha ricevuto battesimo, comunione e cresima, per una com'ero io allora – alla ricerca di quella benedetta *epifania* che sarebbe arrivata, prima o poi, grazie alla quale avrei capito cosa voleva dire davvero essere credente (epifania che purtroppo non è mai arrivata) – quel libro era davvero *il* libro.

La suora leggeva con la sua voce bassa, calma, e noi a volte ascoltavamo rapiti – per esempio le parabole –, a volte annoiati – per esempio le preghiere –, a volte totalmente incapaci di capire – per esempio le lettere. Eppure, quel gesto di aprire un libro e leggere, raccontare, al di là dell'essere credenti o meno, dell'aver avuto quell'epifania o meno, era per me fantastico.

Avrei voluto chiedere alla suora di regalarmi (o vendermi, ma capivo che una suora non poteva vendermi nulla) la sua Bibbia. Ho sempre voluto quel libro. E in qualche modo, alla fine, ce l'ho fatta. Ho avuto i Meridiani. Non tutti, ma almeno un bel po'.

Io i Meridiani li sottolineo, li appunto, me li porto al mare. Tutti mi dicono che non si fa.

Ma appuntare i libri è il mio modo di amarli. Portarli ovunque vada è il mio modo di amarli. E con i Meridiani c'è sempre anche quel brivido: appuntare, sottolineare una Bibbia.

Per cui, questi Meridiani, anche se non ho i soldi per comprarli, li voglio. Scopro che escono in un'edizione economica, ma molto simile all'originale (e quindi alla Bibbia della mia suora), in edicola. Alcuni si possono recuperare dall'edicolante, altri non ho i soldi per comprarli mentre escono.

E allora mia madre, da Bari, me li compra o se li

fa mettere da parte. Lo fa con passione, con perseveranza – quando mia madre si dà un compito che può rendere felici gli altri, non c'è santo che possa dissuaderla –, con disciplina. Alcuni, se non li trova, li compra tra gli usati. Si appunta tutti i numeri che ho. Mi ricordo un foglietto a quadretti stretti stretti, con la sua grafia impetuosa, su cui sono scritti tutti i numeri dei Meridiani. Che io compro, o più spesso lei mi compra, e che poi depenna. Mia madre è metodica, molto ordinata, molto matematica. Diventa una missione.

Io vivo in mezza stanza – l'altra metà la divido col mio fidanzato del tempo, in uno studentato romano – e non ho spazio. Il mio fidanzato odia i libri. Mi dice che ci tolgono l'aria, lo spazio, e gli tolgono la mia presenza. Mi dice che il mio amore per i libri e per la scrittura è più forte dell'amore che ho per lui. Quei Meridiani li detesta. Mia madre ordina da un negozio online una libreria che ho ancora adesso, vent'anni dopo, nella casa in cui vivo. Mi arriva allo studentato, chiusa nei cartoni, da montare. È molto bassa, di legno, profonda il giusto per un Meridiano (mia madre ha preso le misure, ha fatto i calcoli al millimetro). Ci entrano precisamente quattro file di

Meridiani in altezza, e una media di dieci in larghezza. Ci stanno perfetti, a filo. Poi mi compra la seconda, perché una sola non basta a contenerli tutti. Poi mi compra la terza.

Il mio fidanzato si lamenta, ma non tantissimo, perché davvero sono piccole, si richiudono facilmente se dobbiamo spostarle, le incastro e le nascondo dappertutto. E sono anche belle da vedere (cosa che né io né il mio fidanzato apprezziamo appieno in quel momento, ma oggi sì). Resistono a mille traslochi, molti fidanzati, tanti anni, e tante me che si avvicendano nel corso della mia vita.

Dopo aver cambiato non so più quante case, quelle librerie sono ancora con me, una accanto all'altra, in corridoio: sono la prima cosa che si vede quando si entra a casa mia (me ne accorgo solo ora). E, nonostante siano passati tanti anni, ogni volta che le guardo non posso non pensare a quell'amore matematico e metodico di mia madre, e a quella lotta, quando ero molto giovane, per attestare chi ero contro tutti, anche contro il mio fidanzato che, come Charles, invece di provare a capirmi mi osteggiava.

Ma, in coscienza, chi può capire qualcuno?

Il mio fidanzato, peraltro, era l'opposto di Charles. Geloso di ogni mio respiro, ogni mio pensiero, tutto preso dalla battaglia che pensava di star combattendo per essere con me e che invece ingaggiava contro di me, tutto preso dal desiderio di controllarmi, tenermi sottochiave, comandarmi.

Né Charles con la sua cecità coatta né il mio fidanzato, che pensava di esercitare su di me una sorta di patria potestà, hanno saputo come amare.

Adesso, mentre scrivo, ripesco un ricordo che non sapevo di avere. Una cosa che avevo dimenticato.

Il mio fidanzato del tempo, che per praticità chiamerò Valerio, era l'esempio più ottuso di gelosia asfissiante. Tanto che io avevo paura perfino di pensare. Avevo paura, anzi, ero convinta che potesse penetrare nei miei pensieri e leggerli, e sapevo molto bene che ogni pensiero io avessi, anche quello più innocente, l'avrebbe fatto ardere di rabbia.

Per questo, forse, un ricordo di quella prima lettura di *Madame Bovary* mi torna adesso in mente. Io che leggo il romanzo di un'adultera, e mi appassiono a quel romanzo, e mi esalto leggendo quel romanzo. E mi preoccupo quando Charles può scoprirla – per esempio nella scena della maestra di pianoforte (ho detto che appunto sempre i miei libri, e accanto a quella scena leggo solo una parola: "Ahia") –, e mi infervoro quando lei crede di essere innamorata pazza, e ci credo pure io, e a un certo punto mi fermo e penso: e se Valerio se ne accorge?

Se mi legge nel pensiero e si accorge che sto sposando i pensieri di una donna che tradisce? Poco importa che Valerio questo libro non lo leggerà mai. Poco importa che la razionalità mi dica che non è possibile leggere nel pensiero (presa in quel gioco, io sono *certissima* che lui sappia farlo). Poco importa che Valerio non si interessi nemmeno a *cosa* sto leggendo. Lo stato di prigionia in cui sono è assoluto. Sono convinta che lui possa penetrare il mio cervello. Che sappia tutto quello che penso.

Sono terrorizzata, allora, mentre leggo.

Ma questa è l'epifania, *Madame Bovary* è la mia epifania. E anche se non è quella che aspettavo da bambina – l'epifania religiosa –, è fortissima e totale. Come una notte, un giorno d'amore pazzesco. Sono tutta dentro *Madame Bovary* e se Valerio mi scopre – è la prima volta che lo penso –, se Valerio mi entra nella testa e scopre che sto amando Emma Bovary con tutte le sue storture, con tutte le sue bugie, con tutti i suoi picchi e le sue cadute nell'orrore: non me ne importa niente.

Che mi scopra pure. Per Emma, pagherò le conseguenze.

Non me lo ricordavo più. Me ne ricordo solo ora.

Leggo di nascosto come i ragazzini che nascondevano i fumetti porno dentro le riviste. Leggo, col terrore di essere scoperta. Ma leggo, e sono libera di essere felice, di essere chi sono.

È la prima volta, in questa relazione che dura ormai da due anni, che mi stacco un po' da questa dittatura del pensiero, oltre che delle azioni. È, credo, il primo piccolo distacco da Valerio.

Un anno dopo lo lascerò.

SETTE

Il Meridiano di Flaubert, dunque, me lo compra mia madre - prima il primo, poi il secondo. *Madame Bovary*, la prima volta, lo leggo in quell'edizione. Ed è da quella che lo leggo e lo rileggo pure oggi. Da vent'anni. Tranne quella volta sulla spiaggia.

Il mio Meridiano di Flaubert in cui c'è *Madame Bovary* è una specie di albero. Quando si taglia un albero, si dice, dal numero di cerchi si può scoprire quanti anni ha. Sul mio, ci sono sottolineature diverse che si assommano, si confondono, si sovrappongono, si scambiano di posto, da vent'anni. Ogni volta che rileggo quel Meridiano, appunto qualcosa di nuovo, come se leggessi qualcosa che non avevo ancora letto.

Ogni volta che leggo *Madame Bovary*, devo fermarmi e dire a chi è con me: «Ma ti rendi conto di cosa c'è scritto qui?», «Ma ti rendi conto in questa frase cosa c'è?». E se non c'è nessuno con me in quel momento, devo fotografare la pagina e mandarla via WhatsApp. "Ma cazzo, ma cosa c'è scritto qui! Leggi!" Come se anche io lo leggessi per la prima volta.

E quando i miei amici vengono a cena a casa mia, io a un tratto, puntualmente, dico: «Ve l'ho mai letto quel passo di *Madame Bovary* in cui...?». E mi metto a leggere di quando Emma è incinta. O di quando muore Charles. O un pezzettino della carrozza. O l'incipit, quell'incredibile incipit. «Incredibile, incredibile» ripeto.

All'inizio la gente si entusiasma con me, poi ascolta in silenzio, poi si arrischia a dire: «Sì, è bellissimo, ma me l'hai già letto...». Poi non ne può più. Però è difficile dire di no a Emma Bovary.

E quindi, quando mando delle foto di pezzi del romanzo, o quando leggo dei passi ad alta voce, o quando qualcuno mi vede con un Meridiano in mano e mi chiede: «Cosa stai leggendo», e io rispondo: «*Madame Bovary*», alla fine tutti mi guardano increduli e sbottano: «Di nuovo?».

OTTO

E così non mi ricordo la prima volta in cui ho letto *Madame Bovary* (anzi, adesso me ne ricordo un attimo, un'epifania). È singolare, considerando quanto è diventata importante per me. Considerando, per esempio, quanto ricordo bene la prima volta che ho letto un altro libro che amo, *Una questione privata* di Beppe Fenoglio. Saranno stati gli stessi anni.

Avrò venticinque anni. Sono tornata per qualche giorno dai miei, a Bari (anche io, come i due lettori di *Madame Bovary* molto più illustri di me, ho di alcuni dei miei libri più cari ricordi familiari; anche io, come loro, i libri che più amo li leggo una prima volta, ma li rileggerò). Sono in salotto. C'è un sole pazzesco. Davanti alla casa dei miei, a Bari, dal lato del salotto, non c'è niente. Penso sia domenica, perché sento le voci di mio padre e mia madre in cucina, e sento bollire il sugo nella pentola, forse mia sorella e la sua famiglia verranno a mangiare da noi, c'è gran fermento.

C'è sempre un cane nella mia famiglia, e a quel tempo dovrebbe essere Ouzo, un pastore tedesco completamente pazzo che ho amato alla follia. Ouzo, se non sbaglio, è accucciato ai miei piedi. Io ho cominciato a leggere *Una questione privata*, stesa sul divano del salotto, come facevo spesso, al tempo. È un incredibile libro brevissimo – la parola che mi piace di più per i libri che amo è "incredibile", inteso proprio in senso letterale: non si può credere che qualcuno abbia potuto scrivere un libro così. Sono poco più di centoventi pagine, si legge in un paio d'ore.

Io lo leggo e sottolineo col pastello giallo (è durata poco, questa mania di sottolineare con i colori, infatti *Madame Bovary* è tutta sottolineata a matita). Leggo e a mano a mano che leggo non sto più nella pelle. Tanto che a un certo punto non riesco più a tenere le gambe ferme, mi dà fastidio, si devono muovere. Mi metto seduta al tavolo. Il tavolo è di vetro, verde bottiglia, originale degli anni Settanta, di quando i miei genitori si sono sposati. Ci ho giocato a un milione di giochi da tavolo, quando ero bambina, quando vivevo qui. Il vetro di quel tavolo una volta si è rotto, perché mia madre o mio padre ci hanno poggiato sopra qualcosa di caldo. Ouzo si è spaventato moltissimo, ma non si è fatto niente. I miei genitori hanno ricomprato un vetro uguale a quello originale. Le sedie sono bordeaux. Nella stanza c'è un ficus gigantesco, che sembra un signore. Una specie di Polifemo. Dall'altra stanza, adesso, sento anche il tg. Mia madre che dice: «Natalino», nervosa, perché probabilmente lei e mio padre sono in ritardo, mia sorella sta per arrivare. Io sto leggendo e, come di consueto, sono pigra – o stronza – e non aiuto. Davanti a me, il divano dov'ero seduta fino a un secondo fa.

Le pallottole arrivavano innumerevoli, a branchi, a sfilze. Arrivavano anche in diagonale, alcuni si erano precipitati a sinistra per coglierlo d'infilata, e gli sparavano anche d'anticipo, come a un uccello. Queste diagonali lo atterrivano infinitamente di più, le dirette avevano tutte le probabilità di farlo secco. «Nella testa, nella testaaaa!» Non aveva più la pistola per spararsi, non vedeva un tronco contro cui fracassarsi la testa, correndo alla cieca si alzò due mani al collo per strozzarsi.

Correva, sempre più veloce, più sciolto, col cuore

> che bussava, ma dall'esterno verso l'interno come se smaniasse di riconquistare la sua sede. Correva come non aveva mai corso, come nessuno aveva mai corso, e le creste delle colline dirimpetto, annerite e sbavate dal diluvio, balenavano come vivo acciaio ai suoi occhi sgranati e semiciechi. Correva, e gli spari e gli urli scemavano, annegavano in un immenso, invalicabile stagno fra lui e i nemici.[1]

Leggo e non riesco più a stare nemmeno seduta. Le gambe si vogliono muovere. Voglio alzarmi. Voglio correre con Milton. Vedo un bosco in lontananza. Se dovete spararmi, non sparatemi alle gambe, sparatemi alla testa. "Sono vivo. Fulvia. Sono solo. Fulvia, a momenti mi ammazzi!"[2] Non finisco di correre.

Leggo e corro, verso il bosco, zigzagando, "come un cavallo, gli occhi tutti bianchi, la bocca spalancata e schiumosa, a ogni batter di piedi saettava fango dai fianchi".[3] Corro, "con gli occhi sgranati, vedendo pochissimo della terra e nulla del cielo".[4] Sono "perfettamente conscio della solitudine, del silen-

1 B. Fenoglio, *Una questione privata*, Einaudi, Torino 2022, p. 127.
2 *Ibidem.*
3 *Ivi*, pp. 127-128.
4 *Ibidem.*

zio, della pace",[5] ma ancora corro, "facilmente, irresistibilmente".[6] Poi, punto dritto nel bosco. Non appena entro sotto gli alberi, questi paiono...

E poi ho finito di leggere, le ultime undici parole, che certo non scriverò qui, perché sono le ultime parole del libro. Ma a me succede quello che succede a Milton.

Il libro finisce. Sento un'esplosione nel cervello. Poi alzo la testa e sono nel mio soggiorno, ma è sfocato, non vedo più niente.

Vent'anni dopo sono qui, a Roma, nel mio salotto, ancora con quello stesso libro sottolineato in giallo accanto a me, pieno di appunti, di orecchie, di foglietti a indicare dei passi salienti. Il romanzo di un partigiano che, anche lui, si perde nel Desiderio assoluto, che lo distruggerà. Come Emma. Oggi con me c'è una mia cara amica, stiamo lavorando insieme, ha fatto un caffè, ci concediamo una breve pausa, me lo porta, guarda il libro aperto, mi dice: «Cosa stai leggendo?». «*Una questione privata*» rispondo. «Di nuovo?» fa lei. Io alzo le spalle. «E cosa stai scrivendo?» «Una specie di saggio.» «Su cosa?» «*Madame Bovary*.» «Di nuovo?» «Come *di nuovo*, è la prima volta che scrivo di *Madame Bovary*.» «Però è sempre lei. Sempre lei. Di nuovo.»

5 *Ivi*, p. 128.
6 *Ibidem*.

NOVE

Sempre lei. Che trovo in ogni libro che amo. In ogni film che amo.

Lei, che trovo nei contesti più disparati. Anche negli horror. Anche nei fantasy. Lei che trovo dentro il Milton di Beppe Fenoglio, nel desiderio assoluto che lo guida. Non desidera, forse, qualcosa di più che Fulvia, Milton? Qualcosa di più della vittoria? Non desidera, forse, nel modo più assoluto in cui si può desiderare, il Desiderio in persona?

E sapete chi è il Desiderio in persona?

Emma Bovary, nata Rouault, unica figlia di papà Rouault, che ha perso il suo unico figlio maschio appena nato, e poi ha perso sua moglie. Emma, che è stata in collegio dalle suore, ma per il resto del tempo ha sempre vissuto nella fattoria con suo padre, e che sposa Charles e va a vivere con lui a Tostes, pensando che adesso, finalmente, cominci la vita.

E invece la vita non comincia mai.

Non siamo tutti così?

Non siamo tutti convinti che il meglio debba ancora venire?

O meglio, non speriamo tutti che la vita debba ancora cominciare?

Cosa succede quando ci accorgiamo che la vita non comincerà mai, o che abbiamo perso il momento in cui abbiamo vissuto davvero?

Io amo i libri anche per questo. Perché ti rivelano sempre qualcosa di te che non sapevi, o che non avevi le parole per esprimere. Perché leggi e dici: «Ecco chi sono io, e non lo sapevo!». E perché, per parlare anche solo di uno di loro, devi parlare di tutto.

DIECI

Tutta la storia di *Madame Bovary* nasce da un desiderio. Desiderio che, come ho scritto, è il vero e unico motore di questo romanzo. *Madame Bovary* è un romanzo sul desiderio, che si moltiplica e non finisce mai. Emma è un moltiplicatore di desideri, non è né una donna senza cervello che forgia le sue passioni e i suoi sogni su dei romanzetti, né un'adultera che passa da un uomo a un altro per dare un po' di pepe alla sua vita, né una stupida che crede a ogni promessa che le viene fatta.

Madame Bovary è una specie di cavallo in corsa – i cavalli, in tutto il romanzo, preannunciano momenti clou di questa storia. Un cavallo che vagava in un prato, e poi è stato colpito da uno sperone, e ha cominciato a correre, correre contro tutto e tutti, e dal momento in cui ha iniziato a correre non è stato più possibile fermarlo.

Ancora una volta, Henry James: "Flaubert nacque romanziere" scrive, "crebbe, visse e morì romanziere".[1] E tutto questo lo visse come una condanna.

> Ci sono tante cose strane in lui, ma la più strana è questa; che, se noi dovessimo giudicare dalle difficoltà che egli trovava nel suo lavoro, difficoltà registrate nelle lettere e altrove, non potremmo aspettarci che risultati mediocri. Ci disporremmo anzi a trovare un'assenza pressoché totale dei segni del talento. Dovremmo rammaricarci del fatto che quel disgraziato non si sia dedicato a qualcosa che gli potesse risultare facile, almeno relativamente. E sentiremmo la mancanza di quell'aura di consacrazione che accompagna, di solito, un'opera d'arte concepita con gioia. Questa è la caratteristica sorprendente di Flaubert e, per quanto si sappia, soltanto sua – che egli ci ha lasciato opere di un'arte straordinaria, che però non riuscirono mai,

[1] H. James, *La lezione dei maestri. Il romanzo francese dell'Ottocento*, traduzione di G. Mochi, Einaudi, Torino 1997, p. 278.

neanche nel momento del concepimento, a dargli serenità.[2]

Il momento della scrittura è sempre difficile, dice James. Ma continua:

> Spesso scopriamo Flaubert nell'atto di maledire il proprio soggetto nel momento stesso in cui sboccia; e vorrebbe non averlo mai scelto, e si dà dell'imbecille per averlo fatto, e già lo odia prima ancora di cominciare. [...] A sostenerlo, c'erano solo la rabbia e la consuetudine alla fatica; il semplice *amore* per le lettere - lasciamo stare l'amore per la vita - sembra averlo abbandonato molto presto. Certi passi della sua corrispondenza ci inducono perfino a domandarci se non fosse soprattutto l'odio a tenerlo su.[3]

Non essendo Flaubert, questo passo di Henry James mi fa molto ridere. Ho letto centinaia di lettere di Flaubert. Le ho lette nei Meridiani, nelle introduzioni ai suoi libri, nel meraviglioso saggio che gli ha dedicato Nabokov nel volume che si chiama

[2] *Ivi*, pp. 278-279.
[3] *Ibidem*.

Lezioni di letteratura, in cui parla di Jane Austen, Dickens, Flaubert, Stevenson, Proust, Kafka e Joyce (consiglio anche l'altro volume, *Lezioni di letteratura russa*), nell'*Opera e il suo doppio*, che raccoglie tanta corrispondenza di Flaubert, e in tantissimi altri volumi che ho studiato per scrivere questo libretto. Le ho lette per me.

Confesso che avevo un po' di remore a conoscere l'uomo dietro l'opera che amo. Confesso che, adesso che lo conosco così bene, a volte lo amo follemente, e mi struggo per i suoi dolori, per i suoi fallimenti, e mi emoziono per le sue vittorie, e sono orgogliosa di lui, a volte mi è antipatico. Mi dà fastidio che si sia rinchiuso molto presto nella villa di Croisset – dal 1845, quindi a ventiquattro anni – e non ne sia più voluto uscire. "Mi rimetterò dunque, come in passato, a leggere, scrivere, fantasticare, fumare [...]. Ho anche voglia di acquistare un bell'orso (dipinto), di farlo incorniciare e di appenderlo in camera mia dopo averci scritto sotto: Ritratto di Gustave Flaubert, per indicare le mie disposizioni morali e il mio umore sociale."[4] Mi dà fastidio che l'unica vera donna della sua vita sia stata sua madre. Non riesco a imma-

4 G. Flaubert, *Opere, Volume I*, i Meridiani, Mondadori, Milano 1997, p. LVI.

ginare che un uomo che crea una donna così libera – sì, per me Emma è libera – sia così fermo, immobile, nella sua vita. Poi però guardo meglio, e anche se Gustave non perde occasione per dire che sta lì, sepolto a Croisset, la villa di famiglia, in realtà ha viaggiato molto più di quanto abbia viaggiato io finora. Mi dà fastidio quando, mentre lavora a *Madame Bovary*, scrive che "sarà un libro sul nulla, non dipenderà da alcun fattore esterno, ma avrà come collante la forza dello stile, esattamente come la terra, sospesa nel vuoto, non ha bisogno di niente che la sostenga. Un libro senza soggetto o, per lo meno, con un soggetto quasi invisibile, sempre che ciò sia possibile".[5] Mi dà fastidio che pensi di aver scritto, o di stare per scrivere, un libro sul nulla. Perché per me *Madame Bovary* è tutt'altro che un romanzo sul nulla.

O almeno, così avrei detto fino a poco tempo fa.

Perché poi è successa una cosa. Qualche tempo fa, dopo l'ennesima rilettura del romanzo – la decima? Forse di più? – ho chiuso il libro. Stavo lavorando sulla terrazza al nono piano di un bar di San Lorenzo, a Roma. Intorno a me, solo sconosciuti. Ho sollevato

5 G. Flaubert, *Madame Bovary*, traduzione di M.L. Spaziani, Mondadori, Milano 2020, p. XIII.

la testa e davanti a me, in lontananza, c'era il cimitero del Verano. Prima del cimitero, c'era lo studentato dove avevo vissuto col mio fidanzato gelosissimo. Mi è parso che tutto acquistasse un senso. Lo studentato in cui vivevo quando mi ero trasferita a Roma da poco. Il cimitero del Verano, bellissimo, poco oltre. I famosi pini di Roma che costellano una città che non ho mai sentito come casa mia.

Mi sono girata verso la mia vicina. Era una ragazza biondissima, straniera, con i capelli lunghi e lisci come quelli di una ballerina classica. Aveva degli occhiali scuri oblunghi, come fossero tirati verso l'esterno. Le labbra rossissime. Di un rosso naturale. Poteva avere una trentina d'anni. Le unghie – Flaubert ha un'ossessione per le unghie, le descrive continuamente – erano laccate di verde petrolio. Stava parlando al telefono in inglese. Avevo appena finito di leggere per l'ennesima volta *Madame Bovary* e ho esclamato, ad alta voce, verso la ragazza: «Ma è incredibile come abbia potuto scrivere un capolavoro del genere sul nulla!». (Chissà che cosa deve aver pensato di me quella ragazza.)

In quel momento non ricordavo assolutamente questa affermazione di Flaubert che avevo letto un milione di volte. Quel "nulla" veniva da me. Come la parola "sinfonia" per le sue scene. E finalmente ho capito cos'è questo nulla.

Certo, è la storia banalissima che racconta – una donna tradisce il marito, dilapida tutti i suoi soldi e si uccide – ma, di più, sono tutte le parole insulse che si rivolgono questi personaggi (Rodolphe in particolare, il primo amante di Emma, dice frasi più stucchevoli di quelle che leggevo da bambina su *Cioè*, una rivista per adolescenti – e quanto si sente il ghigno di Flaubert mentre le scrive), sono tutte le situazioni insulse in cui si trovano (insulse e spesso tragicomiche) i suoi personaggi. Sì, certo, ma ancora di più è un libro sul nulla perché, a volerlo afferrare e possedere una volta per tutte, non ci si troverebbe tra le mani niente. Eppure, per centinaia di pagine, non solo lo si segue, lo si divora – io lo divoro per sapere come va a finire anche all'ennesima rilettura –, ma soprattutto lui divora il lettore.

Non so se sono riuscita a spiegarmi. Userò una frase di quelle che pronuncia Rodolphe, malignamente – perché Flaubert fa il finto tonto mentre gli mette queste parole in bocca –, ma anche Rodolphe sa benissimo di dire un mare di inutili stucchevolezze solo per portarsi a letto una donna così diversa dalle altre sue amanti parigine.

Madame Bovary è un libro sul nulla, è vero, è completamente vero. Ma quando l'hai finito – ecco la frase alla Rodolphe – tutto ti parla di lui.

Per ogni cosa che succede nella vita, io spesso commento: «Come in *Madame Bovary*!».

UNDICI

Voglio citarla, però, qualche frase di Rodolphe. In modo che si capisca di cosa sto parlando, e quale sia il sottile gioco di Gustave Flaubert, che scrive e intanto sogghigna.

Ecco un dialogo tipo tra Emma e Rodolphe, che ha deciso di sedurla.

> «Per questo» dice Rodolphe, «io sto sprofondando in una tristezza...»
>
> Ed Emma:
>
> «Voi!» fece lei stupita. «E io che vi credevo così spensierato.»
> «Ah, sì, in apparenza, perché in mezzo alla gente mi so mettere sul viso una maschera beffarda; ep-

pure quante volte alla vista di un cimitero, al chiaro di luna, mi sono domandato se non sarebbe meglio per me andare a raggiungere quelli che dormono laggiù...»

«Oh! E i vostri amici?» disse lei. «Non direte sul serio.»

«I miei amici? Quali amici? Ne ho forse? Chi si preoccupa per me?»

E accompagnò queste parole con un piccolo sibilo delle labbra.[1]

(Io questo sibilo lo immagino sempre come quello di Hannibal Lecter nel *Silenzio degli innocenti*, quando dice alla giovanissima Clarice Starling quanto gli piace mangiare carne umana.)

Il mio appunto a matita accanto a questo brano è: "Bleah, Rodolphe" (posso assicurare di aver scritto appunti anche più intelligenti e articolati di questo).

E poi, più avanti, sempre con l'intenzione di sedurla:

«Sì, penso a voi continuamente... Pensare a voi mi colma di disperazione. Ah, perdonatemi... Ora vi

[1] G. Flaubert, *Opere, Volume I*, i Meridiani, Mondadori, Milano 1997, p. 658.

lascio... Addio... Andrò lontano... tanto lontano che non sentirete più parlare di me. Eppure, oggi... chissà che forza mi ha ancora spinto verso di voi. Non si può lottare contro il cielo, vero? non si resiste al sorriso degli angeli. Ci si lascia travolgere da ciò che è bello, delizioso, adorabile!»[2]

Non si può lottare contro il cielo? Il mio appunto a matita qui è: "Vomitevole uomo Rodolphe".

Tutto ciò per dire quanto sia seducente quest'uomo. E voi pensate che Emma Bovary, terribile e magnifica donna, possa davvero innamorarsi di un ometto così? No, lei si costringe a innamorarsi perché non vede l'ora di pronunciare queste parole tra sé e sé: "Ho un amante, un amante!".

E voi pensate che lei voglia poter pronunciare queste parole tra sé e sé perché davvero vuole un amante?

No. O meglio. Non vuole *solo* questo. Vuole sollevarsi dal quotidiano, dal confortevole, dallo scontato, dal ripetitivo. Vuole? Sbaglio. Deve. Non è vero che tutto inizia con la lettura dei romanzi in colle-

[2] *Ivi*, p. 676.

gio. Non sono i romanzi a montarle la testa. Quella è solo una scusa. Lo *spirito* di ribellione verso la serenità, la normalità, che aleggia dentro Emma Bovary, nasce con lei. Anzi, nasce prima di lei. Nasce con l'essere umano. E, di sicuro, non muore con lei.

È anche per questo – e per altre frasi su cui avrò modo di soffermarmi – che *Madame Bovary* mi sembra spessissimo un horror. Un libro in cui il vero protagonista è una sorta di Poltergeist.

DODICI

Gustave Flaubert nasce nel 1821 a Rouen. Suo padre, Achille-Cléophas, è uno dei medici più importanti e stimati della città: è capo chirurgo e direttore della scuola di Medicina dell'Hôtel-Dieu di Rouen, dove la famiglia Flaubert si è trasferita nel 1818. Sua madre è figlia di un ufficiale sanitario (carica che, come abbiamo visto, ricoprirà anche Charles Bovary). Gustave ha un fratello maggiore, Achille, nato nel 1813, che seguirà le orme del padre. Tra Achille e il nostro eroe sono nati altri tre figli, tutti morti piccolissimi (come il primo figlio di papà Rouault). Quando nasce Gustave, nessuno si aspetta che vivrà. Sembra malaticcio. Scrive Julian Barnes nel *Pappagallo di Flaubert*: "Non ci si aspetta possa vivere a lungo. Il dottor Flaubert acquista una tomba di famiglia al

Cimetière Monumental e predispone una piccola fossa per Gustave. Il quale, invece, sorprendentemente, sopravvive".[1] Oltre che malaticcio, Gustave non sembra neanche troppo intelligente (non voglio dire come Charles Bovary la prima volta che lo incontriamo, perché sarebbe davvero un'associazione troppo azzardata): ne parla Jean-Paul Sartre, anche lui ossessionato da Flaubert, nell'*Idiota della famiglia*. Nel 1824, nasce Caroline, ultima figlia dei Flaubert, che Gustave amerà molto. Anche lei morirà troppo presto, seppur non bambina.

Il padre di Gustave vorrebbe che il figlio seguisse le sue orme, ma ben presto è chiaro a tutti che il ragazzo ha una volontà di ferro: per tutta la vita, farà quasi esclusivamente quello che vuole lui. A dieci anni scrive al suo amico Ernest Chevalier: "Se vuoi che ci associamo per scrivere io scriverò delle commedie e tu scriverai i tuoi sogni, e siccome c'è una signora che viene da papà e che ci racconta sempre delle stupidaggini io le scriverò".[2]

Non ho intenzione di raccontare tutta la sua vita – ci sono decine e decine di volumi in merito – ma solo

[1] J. Barnes, *Il pappagallo di Flaubert*, traduzione di S. Basso, Einaudi, Torino 2014, p. 24.
[2] G. Flaubert, *Opere, Volume I*, i Meridiani, Mondadori, Milano 1997, p. LII.

quello che mi interessa di più, e solo fino a un certo punto. Per esempio, nel 1837, Gustave comincia a frequentare i bordelli, cosa che diventerà per lui abituale.

Non è un pettegolezzo, ma un aspetto che definisce il suo carattere. Gustave Flaubert è stato per tutta la vita totalmente refrattario a un amore fisso, non dico a un fidanzamento o a un matrimonio, ma a qualsiasi legame con una donna – i suoi amici invece li amava di un amore folle, appassionato, pieno di alti e bassi, scambiava con loro delle lettere bellissime da leggere (ce ne sono di molto divertenti in *Cercando Emma* di Dacia Maraini). Appena una donna gli si avvicinava troppo, lui diventava cattivo. Ha avuto moltissime amanti (nel 1840, per esempio, ha una breve relazione con una donna che gli scrive, appassionata. Lui, come spesso accade, le risponde freddo e questo è il commento che lascia per sé: "Povera donna, è possibile che mi abbia amato sul serio?").[3]

Flaubert non è una persona buona, e nemmeno simpatica. Pensa quasi sempre soltanto a se stesso e a ciò che vuole lui.

Nel 1839 viene espulso dal Collège Royal di Rouen per "teppismo e condotta indisciplinata".[4]

3 *Ivi*, p. LV.
4 J. Barnes, *op. cit.*, p. 25.

Nel 1841 si iscrive a Giurisprudenza a Parigi. Studia diritto, e lo detesta (lo ripeterà quando *Madame Bovary* verrà messo sotto processo). Odia la giurisprudenza in generale ("Non riesco a vedere niente di più stupido del diritto, ad eccezione dello studio del diritto"[5] – è antipatico, è vero, ma sa essere anche molto simpatico).

Nel 1843 vorrebbe tanto interrompere gli studi, ma non sa come dire al padre che desidera dedicarsi alla letteratura. Intanto, ha storie brevi con varie donne, di tanto in tanto. Ma soprattutto conosce Maxime Du Camp, che sarà uno dei suoi più grandi amici, e inizia la prima *Éducation sentimentale*. Però, ha in mente di non pubblicarlo. Ha in mente, anzi, di non pubblicare proprio niente. Mai.

Sempre, viaggia molto.

Nel 1844 ha il suo primo grave attacco epilettico (o quello che si pensa sia un attacco epilettico, poiché ci sono varie tesi su quale fosse in realtà la malattia di Flaubert, malattia che a fasi alterne lo accompagnerà quasi per tutta la vita). Poi, ne ha un altro. Grazie a questi attacchi, il padre decide di non farlo più andare a Parigi, di lasciarlo vivere a Rouen, e di far-

[5] G. Flaubert, *Opere*, *cit.*, p. LV.

gli interrompere gli studi. La felicità per Gustave. È adesso che il dottor Flaubert compra la magione di Croisset, non lontano da Rouen, dove Gustave, tranne i momenti in cui viaggia, vivrà per sempre.

Nel 1846, dopo aver partorito una figlia a cui dà il suo nome, la sorella di Gustave, Caroline, muore. Gustave l'amava sinceramente. Adesso, tutto il suo amore vero si concentrerà sulla madre e sulla nipote. È lo stesso anno in cui conosce Louis Bouilhet – l'altra persona a cui è dedicato *Madame Bovary* – con il quale inizia un'amicizia che dura per la vita e uno scambio professionale fortissimo: Louis leggerà tutte le opere di Flaubert, *in fieri*, e Flaubert lo aiuterà nelle sue produzioni teatrali. In quest'anno c'è anche un altro incontro fondamentale. Quello con la poetessa Louise Colet, più grande di lui di undici anni, donna molto attraente e scrittrice molto apprezzata. Comincia una lunga relazione – per lo più epistolare, da un certo momento in poi. Perché Gustave rimane sempre granitico nella convinzione di non avere relazioni vere. Nel 1855, dopo che Colet si è fatta più insistente ed è perfino andata a Croisset con l'intenzione di conoscere la madre di Flaubert, lui le manderà una lettera orribile: "Signora, ho saputo che vi siete data pena di venire da me, in serata, per tre volte. Non c'ero. E nel timore dei soprusi che una tale insistenza da parte vostra potrebbe attirarvi da me, il galateo mi obbliga di avvertivi: *non ci sarò* mai più. Ho l'onore di salutarvi. G.F.".[6]

C'è una nota che risale a quell'anno, che potrebbe essere perfettamente un pensiero di Emma Bovary, qualcosa che Emma potrebbe dire di se stessa: "Nel fondo del mio cuore abita una noia costante, intima, assoluta e amara che mi impedisce di godermi qualunque cosa e mi soffoca l'anima. Riaffiora con ogni pretesto, come gli enfi cadaveri di cani annegati emergono in superficie nonostante i sassi legati attorno al collo".[7] (Questo è Flaubert. Questa è anche Emma Bovary, nel suo profondo. Non una donnetta isterica.)

Nel 1848 inizia a scrivere *La Tentation de saint Antoine*. Ed eccoci arrivati dove volevo. Lo porta a termine nel 1849 e, a Croisset – come farà molto spesso anche con le sue altre opere –, lo legge interamente, in quattro sedute da otto ore al giorno, a Bouilhet e Du Camp (avercene, di amici simili). Secondo Du Camp, quando la lettura è finita, Bouilhet si espri-

6 G. Flaubert, *Madame Bovary*, traduzione di M.L. Spaziani, Mondadori, Milano 2020, p. XXXII.
7 J. Barnes, *op. cit.*, p. 32.

me così: “Penso che dovresti darla alle fiamme e non parlarne più”. Neanche Du Camp ha un giudizio positivo. Tutt’altro. Chiaramente, per Flaubert è una notizia orribile. Abbandona questa prima versione della *Tentation de saint Antoine*.

Sempre Du Camp riferisce che Bouilhet dà una idea a Flaubert: perché non raccontare qualcosa di più vicino a sé, di più realistico? Come la vicenda di Delphine Delamare. Delphine era la moglie, in seconde nozze, di un ufficiale sanitario, Eugène (probabilmente una vecchia conoscenza del padre di Flaubert). Con lui viveva a Ry, nella provincia di Rouen. Da lui aveva avuto una figlia. Aveva tradito il marito. Aveva sperperato i suoi soldi. Poi, si era suicidata. Dopo poco, era morto anche il marito.

Era una vicenda di cui si era molto parlato nella cronaca locale.

Cosa vi ricorda questa storia?

Flaubert registra il consiglio, poi parte per un lungo viaggio in Oriente, Grecia, Italia. Torna definitivamente nel 1851, pieno di appunti. Il 18 settembre, seguendo evidentemente il consiglio dell’amico, inizia a scrivere *Madame Bovary*. In realtà, tra le fonti di ispirazione per il suo capolavoro[8] ci sono anche altre storie di cronaca, molte delle quali hanno a che fare con i veleni: una riguarda una donna che, volendo scappare col suo amante in America, avvelenò marito e figli; un'altra ha come protagonista una donna che, insieme alla sua domestica, ingerì dell'arsenico e morì dando alla luce un figlio (venne accusato il marito, che aveva una relazione con una certa signorina de Bovery, "grande lettrice di romanzi");[9] l'ultima è quella di una donna accusata di aver avvelenato il marito.

Il 19 settembre 1851 scrive a Louise Colet: "Ieri ho cominciato il mio romanzo".

Ci lavorerà per anni, bruciando (mi viene in mente il manoscritto del *Maestro e Margherita* di Bulgakov, che l'autore buttò nel fuoco, estenuato dalla censura sovietica, e che è arrivato a noi anche grazie a sua moglie, Elena Šilovskaja), scrivendo, riscrivendo, limando, riscrivendo più di tremila pagine di bozze. Lo finirà nel giugno del 1856 e lo consegnerà a Louis Bouilhet.

Quello che succede dopo – la pubblicazione a

8 G. Flaubert, *Opere, cit.*, pp. 501-502.
9 *Ivi*, p. 502.

puntate su una rivista, già con dei tagli proposti da Du Camp a nome della redazione della *Revue de Paris* che Gustave rifiuta ma che vengono fatti lo stesso, il processo, l'assoluzione che lo aiutò a raggiungere il successo col suo primo romanzo – l'ho già raccontato.

Aggiungo dei dettagli.

1) La lettera che gli mandò Du Camp quando ricevette il manoscritto:

> Permettici di farci carico della pubblicazione del tuo romanzo sulla *Revue*; faremo i tagli che riterremo indispensabili. La mia opinione personale è che, se non accetti, ti comprometterai gravemente, facendo il tuo esordio con un'opera sconclusionata alla quale il solo stile non può conferire sufficiente interesse. Sii coraggioso, chiudi gli occhi durante l'operazione e abbi fiducia, se non nel nostro talento, per lo meno nella nostra esperienza in questo campo e nell'affetto che nutriamo per te. Hai seppellito il tuo romanzo sotto un ammasso di dettagli, tutti ben scritti ma superflui; bisogna sgombrarlo perché non lo si vede più con chiarezza. È un compito semplice. Lo affideremo a un esperto che lavorerà sotto la nostra super-

visione; non verrà aggiunta nemmeno una parola al tuo manoscritto, sarà semplicemente sfoltito. Il lavoro ti costerà cento franchi che detrarremo dal tuo compenso, e allora avrai pubblicato qualcosa di davvero valido invece che un'opera imperfetta e appesantita.[10]

A ognuno il commento che preferisce.

2) Il romanzo fu assolto il 7 febbraio 1857. Per il pubblico ministero Pinard: "L'offesa alla morale pubblica è nelle scene di lascivia che metterò sotto i vostri occhi, l'offesa alla religione nelle immagini voluttuose mescolate alle cose sacre".[11]

Ecco degli stralci della sentenza:

Considerato che i brani incriminati considerati astrattamente e isolatamente presentano effettivamente sia espressione, sia immagini, sia quadri che il buon gusto non approva e che sono tali da offendere legittime e onorevoli suscettibilità;
[...]
Considerato che, a diversi titoli, l'opera deferita al

[10] G. Flaubert, *Madame Bovary*, *cit.*, p. XX.
[11] G. Flaubert, *Opere*, *cit.*, p. 1227.

tribunale merita un biasimo severo, poiché la missione della letteratura deve essere di ornare e di ricreare lo spirito innalzando l'intelligenza ed epurando i costumi prima ancora di imprimere il disgusto del vizio offrendo un quadro dei disordini che possono esistere nella società;

[...]

Considerato che c'è un limite che la letteratura, anche la più leggera, non deve oltrepassare, e di cui Gustave Flaubert e coimputati sembrano non essersi resi abbastanza conto;

Ma considerato che l'opera di cui Flaubert è l'autore è un'opera che sembra essere stata a lungo e seriamente elaborata, dal punto di vista letterario e da quello dello studio dei caratteri; che i brani indicati dall'ordinanza [...], sia nelle idee che espongono, sia nelle situazioni che presentano, rientrano nell'insieme dei caratteri che l'autore ha voluto ritrarre, benché esasperati e impregnati di un realismo volgare e spesso urtante;

Considerato che Gustave Flaubert protesta il suo rispetto per i buoni costumi e per tutto quello che è connesso alla morale religiosa, e che non appare che il suo libro sia stato scritto, come certe opere, all'unico scopo di dare soddisfazione alle passioni

> sensuali, allo spirito di licenza e di dissolutezza, o per ridicolizzare cose che tutti devono rispettare;
> [...]
> In queste circostanze, dato che non è abbastanza accertato che Pichat, Gustave Flaubert e Pillet si siano resi colpevoli dei reati loro imputati;
> Il tribunale li assolve dall'accusa formulata contro di essi e li dispensa dalle spese di giudizio.[12]

Il mio consiglio è di leggere per intero gli atti del processo, perché sono essi stessi un piccolo romanzo. E perché, sancendo cosa dovrebbe essere la letteratura, dicono tutto ciò che non dovrebbe essere. E perché Flaubert non solo è un enorme scrittore, ma è anche molto furbo.

Il romanzo esce in volume ad aprile e, come dicevo, è un successo – ventinovemila copie in cinque anni. Gustave ne aveva venduto i diritti all'editore Michel Lévy per cinque anni per ottocento franchi (durante tutta la vita, Gustave avrà gravissimi problemi economici, sempre più gravi, tanto che nel 1879 sarà costretto ad accettare una pensione stata-

[12] *Ivi*, p. 1308. Pillet e Pichat erano, rispettivamente, tipografo e direttore della *Revue de Paris*.

le grazie all'interessamento dei suoi amici). Morirà, probabilmente per emorragia cerebrale, la mattina dell'8 maggio 1880. Edmond Goncourt scriverà sul *Journal*, a proposito del funerale: "Che sepoltura triste e straziante. Commanville", il marito di sua nipote Caroline, "ha parlato per tutto il tempo del denaro ricavabile dalle opere del defunto, e ha insistito in modo così strambo sulla corrispondenza amorosa del mio povero amico da far credere che sarebbe stato capace di ricattare le amanti di Flaubert ancora in vita".[13] Pochi mesi dopo la morte, la casa di Croisset viene venduta. La demoliscono. Diventa una distilleria (oggi è una grande cartiera) – un finale della vita che, amaramente, è molto simile al finale, perfetto e desolante, di *Madame Bovary*.

Come dicevo, il romanzo ha un successo tale che, nel tempo, Flaubert se ne rammaricherà: perché sentirà che il pubblico pensa solo e sempre alla sua prima opera, e non agli altri suoi lavori su cui ha speso tutta la sua vita. Dirà a Du Camp che, se vincesse in Borsa, comprerebbe tutte le copie del romanzo, senza badare al prezzo. "Le butterei tutte nel fuoco per non sentirne parlare mai più."[14]

13 *Ivi*, p. LXXIV.
14 J. Barnes, *op. cit.*, p. 27.

Con la critica, però, Flaubert avrà sempre un rapporto altalenante, per tutta la sua vita e tutte le sue opere. Lo ameranno. Lo stroncheranno. Lui, come si può facilmente capire, si infurierà moltissimo.

TREDICI

Interrompo qui la biografia di Flaubert perché siamo arrivati al punto.

Madame Bovary nasce da un insuccesso. La stroncatura senza esclusione di colpi della *Tentation de saint Antoine* da parte dei suoi due cari amici, al cui giudizio Flaubert teneva moltissimo. Non posso non empatizzare con lui: Flaubert è un uomo molto complesso, che scherzando ho classificato come simpatico o antipatico, ma che – ha ragione Henry James – si maledice continuamente, mentre scrive. Poi si esalta, anche. Ma per la maggior parte del tempo, soffre. Rimane settimane su una pagina, a cercare la parola giusta che gli sfugge. Non si accontenta mai. Deve trovarla. E la trova, sempre. In *Madame Bovary* la trova sempre.

Che questo capolavoro nasca da un grande fallimento non è da sottovalutare.

Non è da sottovalutare nemmeno che l'idea, in pratica, gliel'abbia suggerita qualcun altro – lo stesso amico che, col suo giudizio, aveva distrutto *La Tentation de saint Antoine*.

Per ultimo, non è da sottovalutare che *Madame Bovary*, se vogliamo considerare la sola trama, non è un'invenzione. Non solo la trama è praticamente identica alla storia di Delphine Delamare, ma quello che non viene da Delphine viene da altri fatti di cronaca.

Il che è stupendo.

Da dove vengono le idee per i più grandi libri che la Storia abbia mai conosciuto? Dagli dèi? Dalla mitica ispirazione? Dalla magia di personaggi che ti parlano e si scrivono da sé?

Per fortuna, no. Vengono anche da piccole, banali storie di provincia. Storie che abbiamo sentito mille volte, e che sentiremo per sempre.

Non solo.

Cos'è che rende un romanzo un grande romanzo?

La trama più arzigogolata, più originale della terra? L'idea folgorante che nessuno ha mai avuto?

Per fortuna, no.

La trama di *Madame Bovary*, come ho detto più volte, è scontata, banale, niente di particolarmente interessante.

Ma sono il punto di vista, lo stile – grande chimera e grande nemico di Flaubert –, è il modo in cui, con le parole che sceglie, riesce a piegare la pagina e a farle perdere la sua natura piatta e liscia per trasformarla in un paesaggio, in una manciata di persone, in un sentimento; è con questi strumenti faticosissimi che Gustave fa di un romanzo un grande romanzo.

Amo che *Madame Bovary* sia una storiella come tante. Lo amo perché, grazie a Flaubert, una storiella come tante è diventata una delle storie più importanti della mia vita. Emma Bovary è diventata una delle persone più importanti della mia vita.

QUATTORDICI

“La giovane Emma Bovary non è mai esistita” scrive Nabokov, “il libro *Madame Bovary* esisterà in eterno. Un libro vive più a lungo di una giovane donna.”[1]

[1] V. Nabokov, *Lezioni di letteratura*, traduzione di F. Pece, Adelphi, Milano 2018, p. 197.

QUINDICI

C'è un altro libro che è di un'importanza fondamentale per la mia vita. Si chiama *Sotto il vulcano*, l'ha scritto Malcolm Lowry. Lo cominciò nel 1936 a Cuernavaca, in Messico, nel momento in cui fu abbandonato dalla sua prima moglie (dettaglio non irrilevante). Avrebbe dovuto essere un racconto. Diventò un romanzo. Ne redasse due stesure. Lo presentò a diversi editori. Lo rifiutarono. Lo scrisse ancora una volta e, finalmente, il romanzo fu acquistato, uscì nel 1947 (dieci anni prima della morte del suo autore) e, a partire dagli anni Cinquanta, fu tradotto in tutto il mondo.

Per una coincidenza di eventi, ho letto anche questo libro, per la prima volta, al mare.

Succede così.

Parto per il Messico, a Natale. I viaggi mi esaltano (quanto invidio Flaubert che, a dispetto del suo voler essere definito un "orso", era molto spesso in viaggio). Ero ancora più esaltata dal fatto che, per la prima volta, ero dall'altra parte del mondo a Natale. Sarei stata in maniche corte mentre Roma veniva sferzata da uno degli inverni più freddi degli ultimi anni. Avrei cantato *Jingle Bells* tuffandomi nelle acque dello Yucatán. Il viaggio sarebbe durato un paio di settimane.

Avevo con me una decina di libri. Pensavo fossero abbastanza.

Mi sono innamorata del Messico. Ancora oggi, è la terra più bella che io abbia mai visitato. Appena arrivata, sono andata a Città del Messico. Quella città mi ha stregato. Poi, gli ultimi giorni, li ho passati al mare, a Tulum, davanti all'oceano. Anzi, nell'oceano.

Le onde altissime contro cui combattevo per fare un bagno – tenendomi sempre vicina alla riva – erano gioia pura. Però, dato il clima tropicale, spesso, di colpo, pioveva. Quando succedeva, veniva giù tutta la pioggia del cielo.

Quando non ero in acqua, leggevo. E, più in generale, in tutti i momenti in cui non trasecolavo davanti alle meraviglie del Messico, leggevo. A un certo punto ho finito i libri che avevo portato con me (particolare che ritorna nella mia lettura sul cellulare di *Madame Bovary*, ma ne parlerò).

Me ne rimane solo uno: *Sotto il vulcano*. Non tutti conoscono *Sotto il vulcano*. Ma me ne avevano parlato benissimo le persone giuste. Quindi, mesi prima, avevo iniziato a leggerlo. Poi, però, con grande frustrazione, l'avevo abbandonato. L'avevo ripreso. L'avevo abbandonato. L'avevo ripreso e abbandonato ancora.

Non riuscivo, come si dice, a entrare nel romanzo. Mi perdevo. Ricominciavo e mi perdevo di nuovo. All'inizio ero molto contrariata. Poi a un certo punto mi ero detta: questo libro non fa per me (non senza che un'ammissione del genere mi mettesse di grande malumore). Che ci posso fare?

Non mi ero però data del tutto per vinta. Infatti l'avevo portato in Messico. Ma avevo prima letto tutto il leggibile, proprio per non doverlo cominciare di nuovo; per non farmi sconfiggere di nuovo.

Sono in spiaggia. Uno di questi acquazzoni non finisce più. La pioggia e il vento sferzano le palme e uccelli neri che non ho mai visto gridano. Il mare, che era di un azzurro quasi bianco, si fa color sabbia e poi marrone, pieno di alghe. Io mi rintano sotto l'ombrellone. Finisco l'ultimo libro che sto leggendo (non ricordo quale). Pesco nella borsa. Occhieggia, grosso e severo, l'ultimo libro che ho portato con me. *Lui.* Oh, no, penso. Tutto, ma lui no.

Che posso fare? Riprovo a leggere. Subito, di nuovo, non riesco a entrare nel libro. Ma vado avanti, un po' perché sono testarda, un po' perché non ho nient'altro da fare. E a un certo punto lo splendore mi si rivela.

Sono in Messico, e sto leggendo un libro ambientato in Messico che – come ho fatto a non capirlo prima – parla di tutto quello che mi sta più a cuore.

2 novembre 1938, giorno dei morti. L'unico giorno di questo romanzo. Il Console Firmin è stato abbandonato dalla moglie Yvonne un anno prima. La ama da morire, e vorrebbe solo che lei tornasse. E lei, come richiamata dal destino, torna. L'amore trionfa, è tutto meraviglioso, no?

No, perché i vulcani Popocatépetl e Ixtaccíhuatl incombono, più visioni dell'ineluttabilità prepotente della morte che reali catene montuose. Incombono sul Console, e sulla sua mano che trema. Quelle montagne, come pensa una sorta di amico del Console, il cineasta Laruelle: "Così remote e chiuse in se stesse e nello stesso tempo così vicine, così immobili, e da quelle montagne esalava una strana malinconica forza che tentava di trattenervelo, fisicamente, e che era, di questa forza, il suo stesso peso, il peso di molte cose, ma soprattutto quello del dolore".[1]

La mano del Console trema perché Firmin, in questo anno, non ha fatto che bere. Struggendosi nel desiderio di sua moglie. E adesso: "Tua moglie è tornata da te, una cosa per cui ti ho visto pregare e implorare in ginocchio: alla lettera, in ginocchio... E tu la tratti con questa indifferenza e di nuovo pensi solo a dove scolarti il prossimo bicchiere".[2]

Perché Firmin, come Emma, è tutto desiderio.

La grandezza ineguagliabile di questo romanzo sta nel saper raccontare, tramite lo stile - ancora una volta, come Flaubert -, qualcosa che forse non ha a che fare con tutti.

Perché *Sotto il vulcano* è un romanzo grandioso, è certo. Ma non è un romanzo per tutti. La prosa è come questi vulcani, per quattrocento pagine non succede quasi nulla, forse la trama non esiste neanche, e se esiste non serve.

[1] M. Lowry, *Sotto il vulcano*, traduzione di G. Monicelli, Feltrinelli, Milano 2013.
[2] *Ibidem*.

Servono solo le parole di Malcolm Lowry. Firmin vorrebbe poter vivere. Vorrebbe poter vivere con sua moglie. È tutto quello che desidera. Eppure, non ci riesce. Anche lui è desiderio puro, e il suo vero, unico desiderio, anche se non vorrebbe, non vorrebbe mai, è autodistruggersi con un ultimo bicchiere. Un ultimo, e poi ancora un ultimo, fino a quando non finisce il mondo. "Ti amo, mormorò afferrando la bottiglia con tutt'e due le mani per posarla di nuovo sul vassoio."[3]

Nella carta di questo romanzo c'è solo alcol. Ma non è alcol. È il desiderio spinto al parossismo che diventa autodistruzione. Non tutti provano sentimenti così. Alcuni odiano questo libro o se ne sentono infastiditi. Non tutti possono sposare il destino che il Console si autoinfligge. Del resto basterebbe smettere di bere.

> Aveva gettato uno sguardo per il giardino ed era come se frammenti delle sue palpebre si fossero staccati per mettersi a svolazzare e saltellare davanti a lui, muovendosi nervosamente in om-

[3] *Ivi*, p. 100.

bre e forme, sussultando al colpevole cicalare della sua mente, non ancor voci del tutto, ma queste tornavano, queste tornavano; un'immagine della sua anima come una città apparve ancora una volta davanti a lui, ma una città, questa volta, devastata, folgorata nel cupo sentiero dei suoi eccessi, e chiudendo gli occhi brucianti egli aveva pensato al perfetto funzionamento del sistema in coloro che vivono veramente, commutatori ben connessi, nervi tesi solo nel caso di un autentico pericolo, e ora in preda a un sonno senza incubi, calmo, non in riposo, ma in equilibrio: un villaggio pacifico. Gesù, come era esasperata la tortura (e intanto c'era ragione di supporre che gli altri credessero che lui si divertisse immensamente) dall'avere coscienza di tutto ciò e nello stesso tempo dalla consapevolezza di come tutto l'orribile meccanismo si venisse disintegrando, con la luce che ora si accendeva ora si spegneva, ora troppo abbagliante ora troppo fioca, col bagliore di una batteria morente a singulti di luce... per poi finalmente sapere tutta la città sprofondata nelle tenebre, dove ogni comunicazione è perduta e il movimento diviene mera ostruzione e le bombe minacciano e le idee fuggono alla rinfusa...

Il Console aveva finito ora il suo bicchiere di insipida birra.[4]

Ecco dove s'incontrano, ancora, Emma e Firmin. Nello splendore dello stile di chi li ha concepiti, certo, ma anche nel pensiero che gli altri vivano sempre esistenze migliori della propria. O meglio, che gli altri siano migliori di noi. O meglio, che gli altri sappiano come si vive, semplicemente perché sono gli altri (accanto a questi passi, annoto sempre: "Anch'io come te!").

La notte era nera. Cadeva qualche goccia di pioggia. Aspirò il vento umido che rinfrescava le palpebre. La musica del ballo le ronzava ancora nelle orecchie. Si sforzava di rimanere sveglia per prolungare l'illusione di quella vita lussuosa che fra poco avrebbe dovuto abbandonare.
Spuntò l'alba. Lei indugiò con lo sguardo sulle finestre del castello, cercando di indovinare quali fossero le camere di quanti la sera prima le erano rimasti impressi. Avrebbe voluto saper tutto delle loro esistenze, penetrarvi, confondervisi.

4 *Ivi*, p. 155.

Ma tremava di freddo. Si svestì e si rannicchiò fra le lenzuola, contro Charles che dormiva.
Venne molta gente per colazione. [...] Poi la signorina d'Andervilliers raccolse in un canestrello dei pezzetti di brioche per portarli ai cigni dello stagno, e tutti andarono a fare un giro nella serra dove strane piante irte di peli si sovrapponevano in piramidi, sotto vasi pensili che simili a nidi troppo pieni di serpenti facevano traboccare dal bordo lunghi cordoni verdi intrecciati.[5]

Emma, come il Console, è un'anima scura, "avrebbe preferito sposarsi a mezzanotte alla luce delle torce",[6] i suoi occhi sono occhi da creatura sovrannaturale, lo vede perfino Charles.

Così vicini, i suoi occhi gli sembravano più grandi, soprattutto quando lei alzava e riabbassava più volte le palpebre al risveglio; neri nell'ombra e di un azzurro cupo in piena luce, sembravano fatti di strati sovrapposti di colore che, più densi nel fondo, andassero schiarendo il loro smalto verso la superfi-

5 G. Flaubert, *Opere, Volume I*, i Meridiani, Mondadori, Milano 1997, p. 570.
6 *Ivi*, p. 539.

cie. In quegli abissi l'occhio di lui si perdeva: ci vedeva il proprio volto in miniatura fino alle spalle, con il fazzoletto che gli avvolgeva il capo e il colletto scostato della camicia. Si alzava. Lei si metteva alla finestra per vederlo andar via, e con due vasetti di gerani ai lati se ne restava appoggiata al davanzale, nella vestaglia che mollemente l'avviluppava.[7]

E ancora:

Ma lei, la sua vita era fredda come una soffitta con la finestrella a Nord, e la noia, ragno silenzioso, tesseva la sua tela nell'ombra, in ogni angolo del suo cuore.[8]

Sotto il vulcano è un libro dell'orrore. *Madame Bovary* è un libro dell'orrore. Quest'orrore racconta anche di me.

Malcolm Lowry morì il 27 giugno 1957, a quarantotto anni, dopo aver ingerito cinquanta compresse di sonnifero. Aveva appena litigato con la moglie in merito a una bottiglia di gin.

7 *Ivi*, p. 548.
8 *Ivi*, p. 560.

SEDICI

Che cosa poteva importare? Freghiamocene. Trovò una specie di furiosa soddisfazione in questa decisione finale. Fregarsene di tutto. Di tutto ciò che in particolare offriva vie d'accesso o d'uscita, stabiliva limiti, dava significato, o carattere, o scopo, o identità a quell'incubo maledetto, tremendo che egli era costretto a portarsi sulle spalle ovunque andasse, quell'incubo che andava sotto il nome di Geoffrey Firmin, che aveva fatto parte della Marina di Sua Maestà, poi del Servizio Consolare di Sua Maestà, poi ancora del...[1]

1 M. Lowry, *Sotto il vulcano*, traduzione di G. Monicelli, Feltrinelli, Milano 2013, p. 234.

Ecco di nuovo Emma e Firmin diventare la stessa persona quando capiscono che l'incubo non sono gli altri, ma sono loro, per se stessi, e l'unica cosa che si può fare è liberarsi di se stessi.

Ci prova anche Anna Karenina, un altro personaggio incredibile di un romanzo incredibile. Ma quella di Anna è un'altra storia. È la storia di una donna che si è innamorata di un solo uomo, che per lui ha rinunciato a tutto, anche al suo amatissimo figlio (Emma non amerà mai sua figlia), è stata bandita dalla società in quanto adultera e ora, sola, senza più nulla, non fa che litigare con Vronskij, che non è il suo amante: è l'uomo che ama. Non fa che litigare con Vronskij quando è con lui. Poi, quando Vronskij è fuori, nel mondo, a vivere, mentre lei – donna adultera che ha lasciato il marito e il figlio – non merita più di essere accolta in società e rimane sola a casa tutto il giorno, in quelle immense giornate non fa che dirsi che non deve litigare col suo uomo, non deve recriminare niente, deve solo amare. Poi però non ce la fa. Vronskij torna a casa e qualcosa più forte di lei esplode, e la fa ricadere nei litigi continui, litigi che nascono dalla solitudine, dalla paura di perderlo e di aver sbagliato tutto, dall'angoscia. Non succede a tutti di essere, sempre, o qualche volta, i peggiori nemici di se stessi?

A me, sicuramente. La maggior parte del tempo.

Anche Anna è disperata, e vuole morire. Ma non per gli stessi motivi di Firmin ed Emma; perché Anna, nel suo capolavoro, Tolstoj l'ha voluta tutta concentrata non sul desiderio, ma sull'amore.

Tanto che, quando decide di morire:

«Là» ella si diceva, guardando nell'ombra del carrozzone, la sabbia mista col carbone di cui eran cosparse le traverse, «là, proprio nel mezzo, e lo punirò,

(si riferisce a Vronskij)

e mi libererò da tutti e da me stessa.»

Anche lei vuol liberarsi di se stessa ma:

Voleva cadere sotto il primo carrozzone che giunse col tratto di mezzo alla sua altezza; ma il sacchetto rosso, ch'ella si mise a toglier dal braccio, la tratteneva, ed era già tardi. Il tratto di mezzo le era passato accanto. Bisognava aspettare il carrozzone seguente. Un sentimento simile a quello ch'ella aveva provato quando, facendo il bagno, si preparava a entrar nell'acqua, la prese ed ella si fece il segno della croce. Il gesto abituale del segno della croce suscitò nell'anima sua tutta una serie di ricordi verginali e infantili, e a un tratto la tenebra che per lei copriva tutto si lacerò, e la vita le apparve per un attimo con tutte le sue luminose gioie passate. Ma ella non abbassava gli occhi dalle ruote del secondo carrozzone che s'avvicinava. Ed esattamente nel momento in cui il tratto di mezzo fra le ruote giunse alla sua altezza, ella gettò indietro il sacchetto rosso e con un movimento leggero, come preparandosi ad alzarsi subito, si lasciò cadere in ginocchio. E in quell'attimo stesso inorridì di quel che faceva. «Dove sono? che faccio? perché?» Voleva sollevarsi, piegarsi indietro, ma qualcosa di enorme, d'inesorabile le dette una spinta nel capo e la trascinò per la schiena. «Signore, perdonami tutto!» ella proferì, sentendo l'impossibilità della lotta. Un *mužicjòk*, dicendo intanto qualcosa, lavorava su del ferro. E la candela con la quale ella leggeva il libro pieno di ansia, di inganni, di dolore e di male, s'infiammò d'una luce più vivida che non mai, le illuminò tutto quello che prima era nelle tenebre, scoppiettò, cominciò a oscurarsi e si spense per sempre.[2]

Firmin ed Emma non si guardano mai indietro, anche quando Emma sembra avere dei ripensamenti. Entrambi sposano la loro fine come unico, ultimo enorme desiderio possibile.

Anna Karenina, invece, in questo pezzo meraviglioso di questo libro meraviglioso, vorrebbe tornare indietro. Ma non può. E la sua fiamma si spegne per sempre.

Ma come muore Emma?

[2] L. Tolstoj, *Anna Karenina*, traduzione di L. Ginzburg, Einaudi, Torino 1993, p. 832.

DICIASSETTE

Quel giorno, al mare in Sardegna, stavo leggendo *Madame Bovary* sul telefono perché avevo finito i libri che avevo portato con me. Non sapevo che fare, poi mi è venuta un'idea. Comprare l'ebook di *Madame Bovary* e rileggerlo.

Odio leggere sul Kindle, figurarsi sul telefono. Ma Emma ha una forza d'attrazione su di me a cui non so resistere. L'ho riletto tutto in un giorno, vedendo poco, vedendo male, mentre il sole si faceva altissimo allo zenit e poi cadeva giù verso il tramonto, precipitosamente, insieme alla disfatta di Emma.

Ancora?

Ancora.

Poco prima di iniziarlo per l'ennesima volta, avevo guardato il mondo intorno a me, e avevo pensato che tutti erano più felici di me. Come lei.

Quanto sarebbe rasserenante liberarmi di me.

L'attrazione che questo libro esercita su di me non voleva morire, non poteva morire. Anzi, lo leggevo famelica come se non avessi saputo come andava a finire. Mi chiedevo, anche allora, cosa succederà? Come finirà?

Questo è il sortilegio che mi fa Emma. Davvero, ogni volta che riprendo questo libro, scopro di non ricordarlo. Prima e dopo, sì, ma mentre lo leggo è come se lo leggessi per la prima volta.

Ci sono tanti libri che ho letto molte volte. Per esempio *Quel che resta del giorno* di Kazuo Ishiguro. Anche il protagonista di questo romanzo ha qualcosa del desiderio dissipato di Emma e Firmin: un maggiordomo che per tutta la vita ha amato (desiderato) una donna senza mai rivelarsi, e che, quando si rivela e vede che il suo amore non potrà mai realizzarsi, pronuncia una frase di una perfezione assoluta: "In verità – perché non dovrei ammetterlo? – in quel momento mi si stava spezzando il cuore".[1] O

[1] K. Ishiguro, *Quel che resta del giorno*, traduzione di M.A. Saracino, Einaudi, Torino 2016, p. 264.

Memoriale di Paolo Volponi, che ha un finale di una nitidezza che rasenta la Verità assoluta, e che potrebbe essere un pensiero di Emma o di Firmin.

> Al bivio sono sceso, dopo un viaggio veloce, e a piedi mi sono diretto verso casa mia. Guardavo, come sempre, il lago crescere a poco a poco sotto i miei occhi, nella salita verso casa mia. A un certo punto era completamente sotto di me, che respirava piano tra le sue sponde. E così sotto di me tutti i tetti del paese, rossi ordinati come se non albergassero la cattiveria umana. Nel nitore del pomeriggio il lago era senza sfumature, senza bracci verso la campagna e gli alberi; chiuso dentro le sue sponde. E il suo colore non brillava e non si spandeva all'intorno.
> A quel punto io ero già all'altezza dell'orto di casa mia, quando finisce la salita e restano venti metri in piano per arrivare alla porta. A quel punto ho capito che nessuno può arrivare in mio aiuto.[2]

Quante volte mi è capitato di ripetermi dolorosamente questa frase nella mente. È così vero: nessuno può arrivare in mio aiuto.

2 P. Volponi, *Memoriale*, Einaudi, Torino 2015, p. 247.

O *Un giorno ideale per i pescibanana* di Salinger, che racconta di un uomo che si è perso. Abbiamo avuto paura per tutto il racconto che potesse far del male agli altri, ma abbiamo sbagliato, quest'uomo non aveva intenzione di far male a nessuno. Nemmeno noi gli siamo stati vicini. Anche noi l'abbiamo abbandonato. L'unico modo che resta a quest'uomo per avere una sorta di pace è liberarsi di sé.

> Scese al quinto piano, percorse il corridoio ed entrò al numero 507. La stanza odorava di valige nuove e di acetone.
> Il giovanotto guardò la ragazza addormentata su uno dei letti gemelli. Poi si avvicinò a una valigia, l'aprì, e di sotto a una pila di mutande e canottiere trasse una Ortgies automatica calibro 7,65. Fece scattare fuori il caricatore, lo guardò, tornò a infilarlo nell'arma. Tolse la sicura. Poi attraversò la stanza e sedette sul letto libero; guardò la ragazza, prese la mira e si sparò un colpo nella tempia destra.[3]

Ma come muore Emma?

[3] J.D. Salinger, *Nove racconti*, traduzione di C. Fruttero, Torino, Einaudi 2014, p. 21.

DICIOTTO

Oggi è venerdì 15 aprile 2022. Il venerdì prima di Pasqua. Strano, parlare della morte di Emma proprio oggi.

Sono seduta al tavolo del salotto di casa mia. Davanti a me, la finestra aperta, e un sole bellissimo che finalmente è arrivato dopo un inverno che quest'anno sembrava non finire mai.

Io, però, non posso uscire. Il mondo lo posso guardare solo da questa finestra.

Avvicinandomi alla fine di questo saggio, come chi ripercorra la propria vita, ripercorro *Madame Bovary*. L'incipit perfetto, in cui un giovanissimo Charles viene equiparato a un cappello che ha tutte le fogge e nessuna, simbolo di tante cose, anche del "volto di un imbecille" come scrive Flaubert (ma sia io sia Flaubert sappiamo che Charles non è un imbecille), ma anche, secondo me, dell'inafferrabilità di Emma. Forse è un azzardo; anzi: sicuramente lo è. È una sovrainterpretazione di un testo che il suo autore aveva pensato in tutt'altro modo. Ma non mi importa. Non mi importa più. Quel cappello di Charles, che gli cade di mano all'inizio del libro e che gli causa tanto scherno è, certo, un presagio di tutto ciò che avverrà nel futuro. Ma a me, ripeto, a me l'impossibilità, se volessimo, di disegnare quel cappello (dato che ha tutte le fogge e quindi nessuna) ricorda anche l'impossibilità di disegnare una volta per tutte Emma. Sia nel suo corpo, perché Flaubert ce la racconta solo a pezzi – le unghie, prima di tutto, gli occhi, che cambiano colore, i capelli, che istigano al peccato –, sia nel suo spirito – la voluttà consapevole o inconsapevole che la pervade in ogni gesto o la tragedia che la pervade in ogni gesto –, Emma è, come tutte le persone, inconoscibile.

Ripercorro *Madame Bovary* e il meraviglioso pezzo della carrozza, la corsa pazza di Emma e Léon in una carrozza a Rouen, che le toglie per sempre la dignità di essere umano e, dopo aver consumato il peccato, la trasforma in "creatura". Questa corsa pazza con un ritmo perfetto che racconta, senza mai farlo vedere, il sesso convulso e animalesco che si consuma lì dentro. Non è un caso se questo passo – che non cita mai esplicitamente qualcosa di scabroso ma che, grazie al ritmo, grazie alle parole, grazie all'uso sapiente della reticenza *racconta* qualcosa di fortemente scabroso – fu espunto già nella prima pubblicazione a puntate di *Madame Bovary*. Non bastò, però, questa epurazione, perché ugualmente il romanzo venne poi messo sotto processo.

Ricordo, come fossero ricordi miei, il momento in cui Emma capisce che il suo primo amante, Rodolphe, l'ha lasciata. E diventa una sorta di Margherita del *Maestro e Margherita* di Bulgakov.

> Il raggio luminoso che saliva diritto dal basso attirava verso l'abisso il peso del suo corpo. Le pareva che il suolo della piazza oscillante risalisse lungo i muri, e che il pavimento s'inclinasse verso l'esterno come nel beccheggio di una nave. Lei stava lì, proprio sul bordo, come sospesa, avvolta dall'immensità dello spazio. L'azzurro del cielo la penetrava, l'aria circolava nella cavità della testa, non aveva che da cedere, da lasciarsi prendere. E il ron-

zare del tornio si ostinava, come il furioso richiamo di una voce.[1]

Potrebbe spiccare davvero il volo.

Perché *Madame Bovary* è anche questo, una storia di morti che trapassano nei vivi e di vivi che trapassano nei morti. Di Emma diafana e terrea come fosse, già molto prima della sua morte terrena, lo spirito vivo di una persona morta, terribile e bellissimo.

Ripercorro e rivedo il momento orribile in cui Emma capisce che nessuno la aiuterà. Non ci sono più soldi. Nessun amante la soccorre.

È sola. Ma nemmeno allora è piegata. Quando il notaio vorrebbe fare qualsiasi cosa di lei, lei:

> Indietreggiò con aria terribile, esclamando:
> «Vi approfittate spudoratamente della mia disperazione, signore! Sono da compiangere, ma non da vendere!».
> E uscì.[2]

[1] G. Flaubert, *Opere, Volume I*, i Meridiani, Mondadori, Milano 1997, p. 730.
[2] *Ivi*, p. 833.

(Provate a farmi credere ancora che Flaubert non ha amato Emma.)

Anche Rodolphe è un fantoccio a cui non importa niente di niente. E lei scappa via.

> Scendeva la notte, le cornacchie svolazzavano. D'un tratto le parve che sfere color fuoco esplodessero nell'aria come pallottole fulminanti, si appiattissero, ruotassero, per andare a sciogliersi nella neve, fra i rami degli alberi. Al centro di ogni sfera ecco la faccia di Rodolphe. Si moltiplicavano, si accostavano, la penetravano dentro. Tutto disparve. Riconobbe le luci delle case che brillavano lontano nella nebbia.[3]

E allora, Emma compie un ultimo atto di pura volontà.

Un altro motivo per cui la amo. Non si fa prendere dalla morte. Lei la sceglie. E sceglie l'arsenico per morire. Non un romantico lasciarsi morire tra i flutti, lasciarsi precipitare da una rupe. Sceglie di viverla, la sua morte, fino all'ultimo.

[3] *Ivi*, p. 844.

L'ultimo desiderio. Il più estremo. Il più potente. Il desiderio avverato.

Emma va a casa di Homais, l'orribile farmacista senza anima senza cuore senza cervello. Sa che lì c'è l'arsenico.

Convince il povero garzone di casa, Justin, che segretamente la ama, a darle le chiavi del posto dov'è contenuto il veleno. Lui non può non assecondarla.

> Gli apparve straordinariamente bella, e maestosa come un fantasma, senza capire che cosa volesse, presentiva qualcosa di tremendo.[4]

Lei, allora, diventa una specie di bestia, di furia diabolica.

> Afferrò il boccale azzurro, ne strappò via il turacciolo, vi cacciò dentro la mano, e ritirandola piena di una polvere bianca la portò alla bocca e si mise a mangiare.[5]

4 *Ibidem*.
5 *Ivi*, p. 845.

Emma, essere grazioso, sensuale, gentile, si è trasformata in una furia diabolica che mangia a quattro palmenti il cianuro. Se avete mai pensato che fosse una stupida vittima dei romanzi, qui la vedrete splendere. Qui vedrete anche che Flaubert, tanto lungimirante, tanto moderno rispetto ai suoi tempi, sta dando maggior dignità e intelligenza a una donna, rispetto a tutti i personaggi maschili del suo romanzo.

La descrizione dell'agonia di Emma dura pagine e pagine. Flaubert non ci risparmia nulla. Emma non muore in un attimo, come accade ad Anna Karenina. Sentiamo tutto. Vediamo tutto.

Il compimento supremo del suo ultimo desiderio.

Emma non fa tutto ciò per un atto pornografico di esibizione del dolore. Ma per un atto supremo di dimostrazione della libertà.

Io non credo che, per essere libera, riuscirei a pagare il conto di Emma. Non credo proprio che riuscirei a sopportare tutto quel dolore. Anzi, ne sono sicura.

Qui io ed Emma non siamo la stessa persona. Ma la sua libertà è un ideale a cui tendere.

Si potrebbe obiettare: quale libertà? È una donna, non ha soldi, è svergognata, è rovinata, ha rovinato suo marito, ha implorato tutti i suoi amanti, il notaio, i creditori.

Infatti. Questo corpo di Emma muore dopo aver fatto di tutto per non morire.

DICIANNOVE

Emma muore nell'immenso dolore di Charles, l'unico che l'ha sempre amata.

Muore perché è una donna.

Infatti, torniamo per un attimo indietro. A quando si convince di volere un figlio – evento che non è tra le sue priorità, ma è una donna, e deve.

> Desiderava un maschio; sarebbe stato forte e bruno, si sarebbe chiamato Georges; e quest'idea di avere un maschio per figlio prefigurava la rivalsa su tutte le frustrazioni del passato. Un uomo, almeno, è libero; può esplorare le passioni e i paesi, superare gli ostacoli, assaporare le gioie più remote. Ma una donna è sempre incatenata. Inerte e insieme flessibile, ha contro di sé le debolezze della

carne e i rigori della legge. La sua volontà, come il velo del suo cappello trattenuto da un nastro, palpita a ogni vento, e c'è sempre qualche desiderio a darle slancio, qualche convenzione a trattenerla.
Partorì una domenica, verso le sei, al sorgere del sole.
«È una bambina!» disse Charles.
Lei girò la testa e svenne.[1]

Se solo avesse potuto essere un uomo. Un altro desiderio. Il Desiderio irrealizzabile per eccellenza.

Muore, dunque, Emma.

Ma il romanzo non finisce così.

Continua, mostrandoci cosa succede a Charles, a sua figlia, a tutti gli altri protagonisti – egoisti, cattivi – di questa storia.

E poi, accade qualcosa.

Charles finalmente smette di sonnecchiare come ha fatto per tutto il romanzo, viene come invasato da un fantasma.

[1] G. Flaubert, *Opere, Volume I*, i Meridiani, Mondadori, Milano 1997, p. 606.

Per piacerle, quasi fosse ancora viva, adottò i suoi gusti, le sue idee. Si comprò stivali di vernice, prese a portare cravatte bianche. Usava un cosmetico per i baffi e per imitarla firmò cambiali. Dall'oltretomba lei lo corrompeva.[2]

Per imitarla firmò cambiali. Dall'oltretomba lei lo corrompeva.

Uno dei miei film preferiti è *L'inquilino del terzo piano*, di Roman Polanski. È un horror, per certi versi. Racconta di un uomo che va a vivere in un appartamento dove prima ha vissuto una donna, che è impazzita. Anche lui impazzisce. Piano piano, è come se *diventasse* quella donna.

Quando leggo questo brano di *Madame Bovary* penso sempre a Roman Polanski. Alla corruzione che passa di corpo in corpo, che non finisce mai.

Morta Emma, il Desiderio non può morire. Charles, l'essere che non ha mai desiderato, viene invasato da un fantasma. Il fantasma si chiama Desiderio, e lo corrompe dall'oltretomba fino a ucciderlo.

2 *Ivi*, p. 874.

Con una dolcezza tragica e crudele.

Un pomeriggio, Charles va a sedersi sulla panchina dove – ma lui non lo sa – avvenivano gli incontri amorosi di sua moglie. Alle sette, visto che non torna, sua figlia va a chiamarlo per cena. Lui è immobile, stringe tra le mani una ciocca di capelli neri di sua moglie. Papà, lo chiama la piccola, vieni! "E credendo che scherzasse, gli diede una piccola spinta. Lui cadde a terra. Era morto."[3]

[3] *Ivi*, p. 881.

VENTI

> Nessuno, mai, riesce a dare l'esatta misura di ciò che pensa, di ciò che soffre, della necessità che lo incalza, e la parola umana è come un paiolo fesso su cui andiamo battendo melodie da far ballare gli orsi mentre vorremmo intenerire le stelle.[1]

Lo scrive Flaubert in *Madame Bovary*, e lo fa pensare al più inutile dei suoi personaggi: Rodolphe. Perché Flaubert ama giocare con noi. E non ama svelarsi.

Eppure, la parola è anche l'eruzione di un vulcano nel mondo. Mentre sta lavorando a *Madame Bovary*, scrive a Louise Colet:

[1] G. Flaubert, *Opere, Volume I*, i Meridiani, Mondadori, Milano 1997, p. 715.

> Oggi... uomo e donna a un tempo, amante e amata, ho passeggiato a cavallo in una foresta, in un pomeriggio d'autunno, sotto foglie ingiallite, ed ero i cavalli, le foglie, il vento, le parole che si dicevano e il sole vermiglio che faceva socchiudere le loro pupille inondate d'amore.[2]

A dispetto del grande dolore di Emma, del grande dolore di Charles, della fine terribile che fanno i personaggi di questo romanzo. A dispetto del perfetto finale che non citerò, ma che è l'apice della distruzione di ogni sentimento gioioso, quello che provo ogni volta che finisco di leggere *Madame Bovary* è qualcosa di incontenibile.

Sarà certamente una frase stupida e ingenua, ma è come se tutta questa storia l'avessi vissuta. Sono sudata, rossa in viso, e il cuore mi batte perché ho corso, cavalcato, ho fatto l'amore, ho fatto sesso, sono stata sul letto di morte dilaniata dall'arsenico. Sono stata orgogliosa e padrona di tutto e di tutti, mi sono pentita, ho sbagliato, ho riprovato, ho perso tutto, e ancora più di tutto.

Però, dato che *Madame Bovary* non è la vita, ma è

[2] Lettera a Louise Colet, 23 dicembre 1853 (citata in V. Nabokov, *Lezioni di letteratura*, traduzione di F. Pece, Adelphi, Milano 2018, p. 204).

un romanzo, quello che ho vissuto di più è il genio di uno scrittore. E il genio di uno scrittore non è qualcosa che si perda con la morte, non è qualcosa che inaridisca al sole, non è qualcosa che possa mai farsi polvere.

L'ha detto Nabokov, no? "La giovane Emma Bovary non è mai esistita, il libro *Madame Bovary* esisterà in eterno. Un libro vive più a lungo di una giovane donna."[3]

[3] *Ivi*, p. 197.

VENTUNO

Sarebbe bello che adesso fosse o l'alba, o notte fonda. Ma non lo è. È un'ora di transizione tra il giorno e la sera in cui smanio, ancora più del solito, in cui odio ancora più del solito essere quella che sono. In cui, ancora più del solito, vorrei essere chiunque, in qualunque luogo, in qualunque tempo.

Un Desiderio libero, senza alcuna connotazione.

Il Desiderio di Emma Bovary, che si fece carta e parole e poi senza alcun rispetto per la letteratura proruppe dalla carta e si librò nell'aria.

Per corromperci, dall'oltretomba, per sempre.